# UNMÖGLICH, LEUTE!

## Die Bitterbös-Chroniken über unsere Hohlstandsgesellschaft

Weniger lustige Alltagsgeschichten zum Aufregen, Nachdenken und Schmunzeln. Eine kleine Lektüre für Menschen mit Anstand und Denkvermögen.

**Bitte beachten Sie das Vorwort.**

# Inhalt

# VORWORT

Ich möchte hiermit ausdrücklich zur Geltung bringen, dass ich grundsätzlich nichts gegen Kinder, Hunde, alte Leute oder generell gegen Menschen habe! (Oder doch?) Nein… Spaß.

Mit diesem Buch möchte ich einfach lustige und auch weniger lustige, dreiste und auch erschreckende Erfahrungen mit Kindern (bzw. hauptsächlich deren Eltern), sowie auch mit Hunden und deren Herrchen, Kunden und Kollegen, überhaupt mit den Menschen heutzutage weitergeben.

Es geht auch um ältere Leute, um Autofahrer und, und, und. Die Geschichten über Kinder und deren Eltern, sowie die Hundegeschichten sind natürlich nicht nur für kinder- und hundelose Menschen gedacht. Allerdings vermute ich, dass hauptsächlich solche Menschen ein Verständnis für das Entsetzen dieser Situationen haben.

Die meisten Geschichten habe ich selbst erlebt. Manche auch Menschen in meinem nahen Umfeld, denen ich hiermit dafür danke, dass sie die Worte an mich weitergegeben haben. Ebenfalls danke ich dafür, dass sie mich durch diese Geschichten begleitet und auch unterstützt haben.

Ich möchte mit diesem Buch mal darauf aufmerksam machen, dass wir alle zusammen auf dieser Welt leben. Jeder hätte es einfacher, wenn jeder Einzelne auch auf andere Rücksicht nehmen würde, und nicht immer gleich auf Angriff aus wäre. Ebenso, dass viele Dinge einfach mit Humor gesehen werden können und somit die Welt vielleicht etwas lustiger und fröhlicher gestaltet werden kann.

Grundsätzlich können wir die Welt nur verändern, wenn jeder von uns mitmacht. Jede noch so kleine Entscheidung kann dies bewirken. Doch wenn alle denken, ich bin alleine auf der Welt oder ein Einzelner kann eh nichts ändern, tut sich auch nichts.

Auf sich achten, alles schön und gut. Ab und an etwas Rücksicht kann jedoch nicht schaden.


Seid nicht so unmöglich, Leute!

Na dann wollen wir mal losmeckern…

Und los geht's.

# KINDER UND DEREN ELTERN

## <u>Museumbesuch</u>

Wir waren in einem Museum, indem es viele Aquarien mit Fischen (lebend) gab. In einem Raum befand sich ein riesengroßes Becken mit Rochen usw., außen herum waren Sitzgelegenheiten, ähnlich wie eine lange Bank, an der Wand angebracht. So konnten sich die Gäste kurz setzen und auch nach Bedarf eine Kleinigkeit essen und / oder einfach das beruhigende Treiben im Becken genießen.

Mein Partner und ich nutzten die Chance, setzen uns hin und packten unser Essen aus, jeder ein Brötchen und ein Paar Miniwiener. Wir hatten gerade in unser Essen gebissen, als sich natürlich direkt neben dran ein Paar niederließ. Sie legten ihr Kind auf die Bank und packten es aus. Das Kind hat sich dem Geruch nach in die Windel geschissen, die die Beiden dann auch prompt, direkt neben uns, wechselten.

Schlimm genug, dass die Leute ein Kind auf Sitzgelegenheiten wickeln und die verschissenen Windeln auf die Sitzfläche legen, auf denen andere Leute sich noch hinsetzten möchten. Aber dass sie das auch dann machen, wenn direkt nebenan Leute sitzen und essen, ist mehr als dreist!

Der Appetit ist uns natürlich gehörig vergangen und wir packten unser Essen wieder ein. Das Paar hat sich daran natürlich nicht gestört uns das Essen vermiest zu haben.


*Unmöglich, Leute. Es gibt extra Wickeltische, Toiletten und sonstige Gelegenheiten um euren Nachwuchs den Arsch abzuputzen. Doch heute denken die Meisten sie sind alleine auf der Welt, sind sowieso bei allem im Recht wenn sie Kinder haben und es wird keine Rücksicht mehr auf Andere genommen. Ähnlich verhält es sich, den Kindern die Brust zu geben. Manche Mütter haben da keine Skrupel dies in aller Öffentlichkeit zu erledigen, ohne sich etwas zur Seite zu drehen, ohne sich etwas zu verhüllen oder sich ein wenig zurück zu ziehen. An für sich ist es auch nichts Schlimmes, es ist ein natürlicher Vorgang. Aber habt ihr auch einmal daran gedacht, dass es manchen Menschen nicht gefällt dabei zuschauen zu müssen? Etwas Diskretion bitte.*

## <u>Entspannung im Park</u>

Wie schön es doch sein kann, wenn die Sonne scheint, ab und an ein kühles Windchen geht. So kann ich mit meinem Schatz einen kleinen Ausflug in den Park machen, um die wenige Zeit die wir gemeinsam haben, zu genießen. Wir breiten unsere Decke aus, auch ein kleiner Snack ist dabei. Jeder ein Buch und auch ein Rätselheft wollten wir uns im Schatten eines schönen Baumes, direkt an einem kleinen Bächlein, zu Gemüte führen. Den Platz haben wir geduldig ausgesucht. Es sollte ein gemütlicher Tag werden.

Natürlich ist man in einem Park bei so einem Wetter nicht allein. Schon nach kurzer Zeit kamen andere Menschen vorbeigelaufen, oder suchten sich ebenfalls einen Platz.

## Teil 1

Einige Meter neben uns, schätzungsweise 20 an der Zahl, breitete sich eine kleine Gruppe Mütter mit Kindern auf ihren Decken aus. Grundsätzlich kennt man es ja nicht anders, als dass Mütter generell nur noch das Thema Kind und Haushalt haben, ersteres jedoch bevorzugt. Und so wurde unser entspannender Tag zu einem erzwungenen Informationsinput über die Kinder dieser Frauen. Klar, auf das eigene Buch konzentrieren und versuchen nicht hinzuhören ist eine Option. Wäre sicher auch machbar gewesen, hätte nicht eine dieser Damen ein so lautes Organ gehabt, dass sie mit Sicherheit den halben Park mit ihren Geschichten unterhalten hat. Ich wusste durch ihr Geplapper, wie ihr Kind sich verhalten hat als es Zähne bekommen hat, wie es sich den Tag zuvor beim ins Bett gehen benommen hat, wie das Kind isst und so weiter. Ebenso wusste ich bald, dass die Mutter noch in den Lidl wollte um ein Oberteil zu kaufen, welches sie einen Tag zuvor schon dort gekauft hatte für lediglich 7 Euro in beige, und sie möchte dies noch in gestreift. Super! Infos die die Welt nicht braucht.

Jeder redet mal über Dinge, die für Andere bzw. Fremde uninteressant oder langweilig wirken. Doch in dieser Lautstärke war man gezwungen sich Sachen anzuhören, auch wenn man nicht wollte. Ich fragte mich in diesem Fall, ob die Frau einfach nichts dazu kann von ihrer Art so zu sein, ob sie einfach so ein lautes Organ hat. Alternativ bestünde auch die Möglichkeit, dass sie ein mangelndes Selbstwertgefühl hat. Das würde erklären, weshalb sie einfach so laut redet, mit den Hintergedanken um so mehr sie hören umso besser. Oder vielleicht denkt sie tatsächlich, was sie erzählt sei interessant.

Wir bemühten uns einfach weiterhin auf unsere Bücher und unsere eigenen Unterhaltungen zu konzentrieren.

## Teil 2

Kurze Zeit nach unserer Ankunft im Park tat es uns ein älterer Mann gleich. Mit einem Fahrrad kam er ganz in die Nähe von uns, schätzungsweise zehn Meter weiter, etwas weiter am Bach und unter einem auch sehr schönen Baum. Er parkte sein Fahrrad und hatte zudem einen Klappstuhl dabei, ein Buch und ein Bier. Ich fand diesen Mann total süß. Ich sagte noch zu meinem Freund: „Schau doch wie goldig, der Mann hat sicher Action zu Hause. Jede Menge Kinder oder Enkel, vielleicht noch ein Hund und eine immerzu redende Frau, und möchte einfach einmal etwas Stille und Ruhe genießen." So hatte ich mir das zumindest vorgestellt. Heißt natürlich nicht, dass dies auch so war. Aber für mich hat das gepasst. Und der Mann genoss sichtlich die momentane Ruhe.

Es dauerte jedoch nicht lange, da kam eine weitere Mutter mit ihrem Kind in den Park. Dieses Kind war noch sehr jung, konnte kaum richtig laufen. Ganz goldig, alles schön und gut. Wo steuerte sie hin? Zu dem Baum, wo der ältere Mann mit seinem Buch auf seinem Stuhl saß und breitete genau unter demselben Baum ihre Decke aus. Direkt nebenan. Daher dachte ich auch erst, die kennen sich. Vielleicht die Tochter die mit dem

Enkelchen nachkommt, oder eine Bekannte. Aber nein, die kannten sich nicht! Das wurde schnell klar wenn man nur kurz die Beiden, bzw. Drei beobachtete. Die Frau hatte sich nicht einmal einen Meter nebenan breit gemacht und ihr Kind auf die Decke gesetzt. Dann schaute sie die ganze Zeit rüber zu dem Mann mit dem Typischen *„ich habe ein kleines Kind, jeder mag Kinder, jeder muss lächeln, ich bin toll, mein Kind ist süß, beachtet mich"* Blick. Ich habe es nicht verstanden, der halbe Park war leer, viele Bäume und auch schattige Plätze am Bach waren noch frei. Ich fand es schon fast dreist, sich direkt neben den Mann zu setzen, der doch offensichtlich seine Ruhe haben und abschalten wollte. Der NICHT die ganze Zeit quasi gezwungen werden wollte, ein Kind anzuglotzen und höflich und bewundernd die Mutter anzulächeln.

Mag ja sein dass die Frau nett und das Kind süß ist. Aber egal ob man Kinder mag oder nicht, warum MUSS man denn immer alles toll und süß finden und dies auch zeigen, in dem man sich dann auch automatisch den Müttern und Kindern mit Aufmerksamkeit zuwendet? Und warum geht jede Mutter einfach davon aus, etwas Besonderes zu sein „nur" weil sie ein Kind hat? Warum erwarten alle Mütter überall nur Anerkennung zu bekommen weil sie Kinder haben? Fast jeder hat Kinder heutzutage, das ist für jeden Einzelnen was Besonderes, aber im Allgemeinen ist es das eben nicht.

Aber zurück zu der Geschichte:

Um meine Meinung zu bestätigen, dauerte es nicht lange, da packte der Mann sein Buch und seinen Stuhl zusammen, und ging. Mir tat der Mann richtig leid. Er war der Mutter gegenüber höflich und lächelte auch immer wieder zu ihr hinüber, wie sie es scheinbar auch erhoffte und erwartete, aber letztendlich hatte er nicht das, was er in dem Park suchte: Seine Ruhe.

Natürlich kann ich nicht in den Mann hineinschauen, natürlich kann es sein, dass der Mann sowieso gleich gehen wollte. Aber mir bzw. uns kam es nicht so vor als irrten wir uns.

## Teil 2,5

Zwischendurch kamen noch zwei Mütter mit ihren Kindern auf der anderen Seite des Baches vorbei. Doch anstatt sich um ihre Kinder zu kümmern waren sie die ganze Zeit am quasseln oder telefonieren. Eines der Kinder ging zu dem Bach und rief die ganze Zeit ununterbrochen nach seiner Mutter. Ununterbrochen. Und das Ganze sehr laut. Doch anstatt sich um das Kind zu kümmern brüllte die Mutter nur zurück. Letztendlich litten sowohl das Kind, als auch alle anderen darunter, die in der Nähe waren. Das mal noch so nebenbei.

## Ende der Geschichte:

Irgendwann wollten wir dann auch nicht mehr, wir waren schätzungsweise 2,5 Stunden in dem Park, wirkliche Ruhe hatten wir aber vielleicht 20 Minuten. Natürlich ist ein solcher Ort öffentlich und natürlich hat jeder ein Recht sich dort aufzuhalten, sich hinzusetzen wo er oder sie möchte. Aber wenn sich nicht jeder verhalten würde als wäre der Park sein Eigentum, oder sie wären alleine auf der Welt und jeder einfach ein wenig Rücksicht nehmen würde, hätten einige Leute mehr einen ruhigen Tag genießen können.

Es mag kleinlich wirken, aber ein stressiger Arbeitsalltag mit permanentem, nervigem Input kann schon anstrengend sein. Schade ist dann, wenn sich solche Menschen in den Park verziehen um etwas Ruhe zu haben, und diese einfach nicht bekommen. Ein solcher Ort ist für jeden da, vermittelt er doch Entspannung.

Es ist doch möglich, einen Hund auf einer Rasenfläche auf der Menschen liegen, anzuleinen, damit er nicht permanent gerufen werden muss weil er nicht bei Fuß läuft. Es sollte doch möglich sein, sich in einer kleinen Gruppe in normaler Lautstärke zu unterhalten, ohne alle Anwesenden außenherum an Ihren Privatgesprächen teilhaben zu lassen. Vor allem, wenn die anderen Leute die da sind dösen oder lesen möchten. Es sollte doch möglich sein, in einem großen Park mit vielen freien

Plätzen sich einen davon zu suchen, ohne sich genau neben jemanden zu setzen der seine Ruhe möchte. Es sollte doch möglich sein, mit seinen Kindern spazieren zu gehen ohne permanent nur rumzuschreien, oder eben woanders hinzugehen wenn man sich mit seiner Freundin unterhalten möchte. Beispielsweise ein Spielplatz, damit die Kinder nicht ohne Beschäftigung ebenso rumschreien müssen, um Aufmerksamkeit zu bekommen. Oder ich entscheide mich eben gegen Kinder, wenn ich keine Lust habe mich um diese zu kümmern.

Nicht zu vergessen diejenigen, die meinen sie müssen jedem Ihre Musik aufdrücken. Nicht jeder mag „yeahhh mudderfuckaaaaa….." Oder „umsumsums umsum sumstataaaaaaaa….."

*Unmöglich, Leute! Ihr seid nicht alleine auf der Welt. Etwas Rücksicht dürfte nicht zu viel verlangt sein.*

# Ein Lustiger Ausflug in den Zoo

Ich besuchte mit meinem Partner, meiner Schwester und einem guten Freund den Zoo. Wir hatten uns schon lange auf den Tag gefreut, denn es ist immer lustig wenn wir zusammen unterwegs sind. Wir sind lebensfrohe naturbezogende Menschen, die Tiere lieben und somit fuhren wir in den Zoo.

Dort angekommen ging es schon bald los mit:

## Teil 1

Am Gehege der Schneeleoparden war eine große Glasscheibe, durch die ein jeder Besucher die Chance bekommen sollte sich die Tiere anzuschauen, in nächster Nähe, aber eben getrennt durch eine Scheibe. Es lag auch wirklich in der Nähe ein Tier und schlief. Nun kennt man es ja von kleinen Kindern, die es möglicherweise nicht besser wissen, dass diese mal an die Scheibe klopfen, bis sie von den Eltern zurechtgewiesen werden. Hier war es jedoch anders. Hier klopften die Erwachsenen wie bekloppt an die Scheibe und zeigten den Kindern wie man dies am besten macht. Wir dachten wir sehen nicht richtig. Als mein guter Freund den Mann darauf hinwies, dass dies nicht gut ist für die Tiere, wurde er noch massiv von dem Mann angemotzt. Er solle sich raushalten und die Kinder sollen ja schließlich auch was sehen von dem Tier. Wenn es nur da läge und schläft ist es ja schließlich uninteressant.

Wunderlich, dass die Schneeleoparden bei dem Krach überhaupt schlafen können. Aber wahrscheinlich leiden sie bereits unter Depressionen weil die Leute sich nicht respektvoll den Tieren gegenüber verhalten können. Die armen Mietzen müssen das sicher schon ihre ganze Zeit im Zoo ertragen und sind froh darüber, dass die laufenden Zweibeinigen Plagen ausgesperrt sind. „Die würden uns noch sicher am Schwanz ziehen und die Finger in die Augen drücken", könnte einer deren Gedanken sein.

Grundsätzlich ist das Thema Zoo zwiespältig zu betrachten. Einerseits sind die Tiere eingesperrt auf engem Raum, ja. Andererseits werden so auch Tiere, welche vom Aussterben bedroht sind, geschützt und haben die Chance zu überleben und sich zu vermehren. Es ist etwas anderes als ein Zirkus, bei dem die Tiere einfach nur benutzt werden. Natürlich muss ein Zoo sich irgendwie über Wasser halten und deshalb auch Besucher empfangen, natürlich sind das größtenteils auch Kinder. Das leuchtet alles ein, dennoch denke ich, dass auch wenn die Leute mit Ihren Kindern kommen um die Tiere zu bestaunen, diese als Lebewesen ansehen sollten und nicht als Schaustücke, und sie sich entsprechend mit etwas Respekt ihnen gegenüber verhalten sollten und auch auf die Kinder achten sollten.

Dann wäre es auch nicht zu folgendem Erlebnis gekommen:

## Teil 2

Auf einer Wiese, natürlich immer noch im Zoo, liefen frei zugänglich Gänse und Enten gemütlich durch die Gegend. In einiger Entfernung von uns, angrenzend an die Wiese, befand sich ein Rastplatz. An diesem waren einige Familien mit Ihren Kindern. Die Wiese war auch für die Leute zugänglich, nicht abgesperrt und es gab auch keine Schilder auf denen das Betreten verboten wurde. Insoweit war es auch in Ordnung, dass sich die Kinder und auch Erwachsene auf der Wiese aufhielten.

Einige hatten Decken am Rand der Wiese ausgebreitet und picknickten. Eigentlich ein schöner Anblick, so inmitten der Tiere. Wir liefen an der anderen Seite der Wiese den Rundweg entlang.

Plötzlich wurden wir auf ein paar Enten aufmerksam, die total aufgescheucht und aufgeregt über die Wiese rannten. Gefolgt von einem kleinen Jungen, schätzungsweise 5 Jahre alt. Ein kleiner frecher Bengel mit blondem Haar und Brille. Der Junge schaute nicht boshaft, er empfand nicht wirklich Freude dabei, die Tiere zu ärgern. Was aber nichts an der Tatsache änderte, dass er ihnen permanent hinterer rannte. Es waren nicht mal 2 bis 3 Meter Abstand zwischen ihm und den Tieren.

Wir dachten, naja, so viele Erwachsene, Eltern wohlgemerkt, die da am Rande der Wiese also in unmittelbarer Nähe sitzen, wird doch mal jemand den kleinen Entenjäger zurückpfeifen. Aber nichts. Wir beobachten das ganze Geschehen kurzzeitig, aber nichts geschah. Außer, dass der kleine Bub einfach weiter, sogar mit einem leichten Ausdruck des Gelangweilt seins, die Tiere über die Wiese jagte. Da hat es uns gereicht und der gute Freund von mir brüllte lauthals: „EEEEEEY... JUNGE!"... welcher erschrocken seine Tour abbrach und stehen blieb. Er suchte nach dem Rufenden, denn scheinbar war ihm sofort bewusst, dass er gemeint war. Als er aus unserer Richtung dann noch hörte er solle aufhören die Tiere zu jagen, schließlich mache das auch keiner mit ihm, war er wider erwarten verdutzt und verließ die Wiese kleinlaut.

Ich war fast schon positiv überrascht, denn heutzutage ist das eher unüblich, keine frechen, beleidigenden und unter die Gürtellinie gehenden Rufe zu bekommen.

Vielleicht haben wir ein paar Enten und Gänsen einen großen Gefallen getan. Vielleicht haben wir den kleinen

Jungen zu einem, wenn auch ein minimaler Schritt, klitzekleinen besseren Menschen gemacht da er möglicherweise zum Nachdenken animiert wurde. Auch wenn er es vielleicht erst in vielen Jahren bemerkt, wenn er, vielleicht, sich an diese Situation zurückerinnert.

Aber am merkwürdigsten, oder auch traurigsten, fand ich jedoch, dass keiner der Erwachsenen reagiert hat. Vielleicht auch gut so, viele Eltern gehen ja sofort auf Angriff und werden gemein und bösartig, wenn es jemand wagt gegen das eigene Kind etwas zu sagen, wie wir auch in der folgenden Geschichte erleben durften:

# Teil 3

Wir standen vor dem Affenhaus. Folgendes Schild war zu sehen:

Eigentlich sollte jeder der einen Kopf besitzt in dem sich ein Gewebe namens Gehirn befindet, verstehen, was das bedeutet. Kinder ausgeschlossen, die sind zu klein, wobei sicher auch einige Kinder das Bild verstehen würden. Aber da möchte man ja mal nicht so sein, dafür hat ein Kind für gewöhnlich erwachsene Begleiter.

Ein kleiner Junge, eventuell 4 Jahre, war die ganze Zeit am kreischen. Nicht heulen weil ihm was weh tat. Vielmehr rief er die ganze Zeit irgendetwas Sinnfreies und redete und schrie durch die Gegend. Größtenteils rief er seiner Mutter zu, sie solle mal die Affen anschauen, und immer rief er nach seiner Mutter die sich scheinbar mit einer Freundin unterhielt und keine Acht auf ihren Schössling hatte. Er rief und rief und wir alle waren schon total genervt, denn es war schon für uns sehr anstrengend.

Ich sah das Schild an und dachte mir, ohne Grund steht das nicht da. Wer weiß wie die Affen das unnötige Geschrei empfanden. Ich ließ mich dazu hinreißen in meinen nicht vorhandenen Bart zu murmeln, ich zitiere: „Ohhh, halt doch die Gosch." Das Kind war weit genug weg und abgelenkt um mich nicht zu hören was ich vor mich hin bruddelte. Doch scheinbar stand das Muttertier des Schreihalses zufällig gerade nah hinter mir und hat meine Worte vernommen. Denn plötzlich kam eine Frau angestampft, stellte sich direkt vor mich fast schon wie eine Furie und schnauzte mich an, ob ich nicht mehr ganz dicht sei. Etwas verdutzt schaute ich mich zu der Dame um und wunderte mich, dass sie keinen Schaum vorm Mau… äh Mund hatte. Als ich ganz höflich und freundlich (wirklich! Nicht ironisch) auf das Schild aufmerksam machte, sagte die Dame (naja sagen, sie kreischte es förmlich), dass ihr das egal sei, ein Zoo sei schließlich nur für Kinder da. Ich meinte, immer noch höflich und auch leise, dass man dennoch auf die Tiere Rücksicht nehmen sollte. Es hat schon einen Sinn, dass das Schild da stünde, es sind schließlich empfindsame Lebewesen. Da beschimpfte die Frau mich als „Assi" und wenn ich Kinder hätte würde ich das verstehen, ich solle mir gefälligst mal welche anschaffen damit ich weiß wie das sei. (Woher weiß sie denn überhaupt, ob ich Kinder habe oder nicht?) Danach stampfte sie in das Affenhaus und schrie, obwohl besonders dort um Ruhe gebeten wird: „Die Assis da draußen verbieten meinem Kind den Mund, ich lass mir von niemand den Mund verbieten ich rede wo und wie laut ich will."

Wir haben letztendlich nur mit dem Kopf geschüttelt, dennoch habe ich mich sehr geärgert. Warum ich ein Assi bin versteh ich bis heute nicht, vermute aber es lieg daran, dass ich bzw. wir ein paar Piercings haben, wenn auch wirklich nicht viele. Vielleicht war unsere Kleidung zu dunkel oder war es einfach, weil ich es gewagt habe etwas gegen ihr hochwohlgeborenes Kind zu schimpfen. Eher vor mich hin zu bruddeln, wohlgemerkt. Denn meine Tätowierung unter der Kleidung hat sie nicht einmal gesehen.

Zum einen war mir klar geworden, woher das Kind das respektlose laute Organ hatte. Zum anderen war ich stolz auf mich, trotz des persönlichen Angriffes dieses Drachens und der ungerechtfertigten Beleidigung ruhig geblieben zu sein. Ich hätte mich auf das Niveau herablassen können und mit ihr streiten, aber das ist nicht mein Ding. Zudem ist es bei einer solchen Persönlichkeit sinnlos. Von der Ruhstörung der Tiere abgesehen. Ich habe nämlich Respekt davor.

Es war gleich zu Beginn klar, die Dame ist nicht bereit über das Gesprochene nachzudenken, oder die Argumentation zu durchdenken. Sonst wäre ihr schon bei dem Schild aufgefallen, dass ich Recht habe und in dem Bereich auf Ruhe zu achten ist.

Ferner fand ich es persönlich eine Frechheit, mich a) einfach zu beleidigen und mich b) nicht einmal ausreden zu lassen. Mir stattdessen böse Worte und Blicke an den Kopf zu werfen, sich während des Gespräches, wenn man es so nennen kann, einfach umzudrehen und wegzulaufen, und mich lauthals mit sogar unwahren Aussagen bei anderen Besuchern zu beschimpfen.

Mal abgesehen davon dass ich ihr Kind nicht mal angesehen, geschweige denn angesprochen habe, war das viel Lärm um nichts. Den Tieren und auch den ganzen Mitarbeitern und Besitzer des Zoos gegenüber finde ich es respektlos, einfach zu sagen „das ist mir egal", wenn ein großes Schild aufgebaut wird auf dem steht, man soll bitte leise sein. Da frage ich mich bei einem solchen Benehmen, wer hier der „Assi" von uns ist.

## Teil 3,5

Traurig und auch zugleich lustig fanden wir eine weitere Entdeckung. Im Affenhaus war ein Spielzeug aufgebaut, wie man es aus Kindertagen oder aus dem Fernsehen kennt. Ein Brett mit verschieden geformten Löchern, und die passenden Förmchen dazu. Diese hingen an einer Schnur direkt neben an. Das Spielzeug wurde aufgebaut, um den Zoobesuchern zu zeigen, mit was für Hilfsmitteln mit den Affen gearbeitet wird, und wie menschlich sie auch sind. Wobei ich mir nicht sicher bin ob dies wirklich deshalb aufgebaut wurde… (verschmitztes Grinsen meinerseits)

Was wird jetzt wohl kommen? Genau. Es standen immer wieder Besucher an dem Teil, lachten und führten die Förmchen durch die Löcher und erfreuten sich an ihrem Können. Die Besucher von denen ich gerade erzähle waren zwischen 14 und 60 Jahre alt, also keine kleinen Kinder! Da die Teile aus Holz waren und die Aufgabe scheinbar doch recht schwer war, knallten immer wieder die Hölzer aufeinander. In dem, in der vorherigen Geschichte schon mitgeteilt, um Ruhe gebetenen Affenhaus hallte und schallte es nur so von diesem Geknall, Geboller und dem Gelächter der Leute. Ich konnte nicht nachvollziehen was so amüsant daran war zu dumm zu sein, die Teile durch die richtigen Löcher zu stecken. Und als ich mir das Ganze eine Zeitlang ansah, fiel mir auf, wer denn eigentlich die „Affen" in diesem Hause waren.

Die Tiere saßen auf Ihren Plätzen, schauten die Zuschauer an und dachten sich wahrscheinlich ihren Teil. Ich für meine Wenigkeit kann eigentlich nur sagen, ich hatte den Eindruck dass jedes Tier für sich depressiv war. Ich weiß nicht, stand es in ihren Augen oder habe ich es gefühlt, aber so kam es bei mir an. Und das ist mit Sicherheit auch ein kleiner Teil davon deswegen, da so viele Leute die jeden Tag dort auftauchen, sich nicht an die Regeln und Bitten halten, und damit den Tieren schaden.

Natürlich ist grundsätzlich das Thema Zoo eine schwer einzuschätzende Thematik. Tiere brauchen ausreichend Freilauf und möchten natürlich ungerne eingesperrt sein, andererseits sorgt ein Zoo für den Artenschutz, nicht wie z. B. ein Zirkus der nur Tiere benutzt um daraus Profit zu schlagen. Natürlich muss sich ein Zoo irgendwie finanzieren und ist demnach auf Besucher und darunter die vielen Kinder angewiesen. Aber ist es nicht möglich sich dennoch zu benehmen?


*Also Leute, reißt euch doch mal zusammen!*

## Teil 4

Eine Bootsfahrt die ist lustig, eine Bootsfahrt die ist schön. Dachten wir uns, und auf ging es zu den Booten. Was wir hier gesehen haben ist auch schwer in Worte zu fassen. Eine Frau/Mädchen stand mit ihrem Kind, ein schätzungsweise 6 Jähriges Mädchen am Steg. Ferner hatte sie noch ein Neugeborenes in einem Kinderwagen dabei. Dieser Kinderwagen war so konstruiert, dass das obere Teil abgemacht, und als Tragekorb genutzt werden konnte. Diesen machte die Mutter ab und bemerkte uns dabei. Ich habe keine Ahnung wo sie hin wollte, aber ihr Plan war scheinbar, ihr Neugeborenes inklusive dem Tragekorb in die Obhut des kleinen Kindes zu geben. Erschreckend war der Blick der Frau, so eine Mischung aus geisteskrank und bekifft, als sie dann dem kleinen Mädchen das für sie riesige Teil in die Hand drückte und ihr befahl, ich zitiere: „lass die bloß net falle alldaaa, sonst mach ich dich platt."

Interessant war, abgesehen von der Art wie sie es sagte, dass sie *uns* dabei anschaute. Es kam so rüber als wolle sie sich wichtigmachen, oder als käme sie sich besonders „cool" vor wenn sie anderen Leuten präsentiert, wie sie mit ihrem Kind umgeht, oder ihr droht, wenn das kleine Mädchen die von ihr zu übernehmende Aufgabe nicht ordnungsgemäß ausführte.

## Teil 4,5

Was wir auf der Bootsfahrt dann kurz darauf im Anschluss gesehen haben hat dann auch richtig schön in das Bild gepasst das man so hat, wenn man an einen schönen gemütlichen Ausflug mit der Familie denkt. Ein Vater sitzt in einem Boot mit seiner schätzungsweise 4 Jahre alten Tochter. Soweit so gut. Doch schaute man sich das Bild genauer an, konnte man Dinge erkennen, die da nicht hingehören. Zur Linken: Die überdimensional große Bierdose. Zur Rechten: Die brennende Kippe. Das Kind? Nein, das Kind hatte kein Getränk.

Ich denke, ich muss dazu nichts weiter sagen.

# Teil 5

Ohne große Worte könnte ich hier ein Bild zeigen, das auch so schon Bände sprechen würde. Aber heutzutage muss man ja aufpassen wenn irgendwo Personen auf einem Bild zu sehen sind. Das ist ja alles nicht mehr so erlaubt, daher zeige nur ein Ausschnitt des Bildes. Man beachte den letzten Satz über dem Strich:

Ich versuche die Situation zu beschreiben. Wir stehen am Zaun des Streichelzoos. In dem abgesperrten Bereich, durch welchen wir auch schon gelaufen waren, war ein Klettergerüst aufgebaut. Dieses Klettergerüst war allerdings nicht dafür gedacht, dass Kinder darauf klettern, sondern die Ziegen. Hierzu war auch dieses Schild an dem Gerüst aus Holz und Stämmen.

Aber der schönste Anblick war einfach von außen, das Gesamtbild, welches ich ja leider nicht komplett zeigen kann:

Im Hintergrund dieses Bildes zu sehen war das Gerüst, und ja genau, nicht schwer zu erraten, es war voller Kinder die darauf herumtollten und kletterten anstatt der Tiere…

# Teil 6

Hier muss ich glaube ich nicht viel dazu sagen, oder?

Traurig, dass so etwas überhaupt nötig ist:

Nicht nur   wegen den Tieren in den Zoos und Wanderparks finde ich das unverschämt, einfach seinen Müll überall zu verteilen. Auch wegen unserer Umwelt, der Natur, den Bäumen. Unser Klima leidet darunter aber das bockt die meisten Menschen nicht. Hauptsache weg damit.

# Ein netter Ausflug ins Schwimmbad

Da freut man sich auf einen gemütlichen Tag im Schwimmbad und erlebt Folgendes:

## Teil 1

Wir wählten ein Schwimmbad in dem keine Kinder gestattet sind, nicht, weil wir keine Kinder mögen, sondern weil wir einfach in unserer Woche Urlaub neben den ganzen Erledigungen einfach einmal einen Tag frei haben, und diesen genießen wollten. Da erschien uns doch ein Wellnessbad nur für Erwachsene, ohne Kindergeschrei, angebracht. Also zumindest fast nur für Erwachsenen, denn Kinder bis 4 Jahren sind erlaubt. Nicht so schlimm, dachten wir, es wird die Minderheit sein und die Eltern wissen ja auch, worauf zu achten ist. Sollten sie zumindest.

Das Schwimmbad war ziemlich voll, obwohl wir extra einen Tag wählten, an dem kein Feiertag in irgendeinem Bundesland war. So mussten wir gut zwei Stunden warten, bis wir die Chance auf eine Liege erhielten. Leider ist Liegen reservieren heutzutage für alle selbstverständlich, egal wie viel los ist und ob

Verbotsschilder hängen oder nicht. Wir waren zwischenzeitlich im Wasser gewesen um die Zeit zu nutzen und wollten uns dann, als wir einen Liegeplatz erhascht hatten, etwas ausruhen.

Selbstverständlich hatten wir das Glück von Kleinkindern umgeben zu sein, die unglücklicherweise auch permanent am kreischen waren. Als es ruhiger wurde freuten wir uns schon auf ein Nickerchen und auf unsere mitgebrachten Bücher. Da kehrte eine Mutter mit ihrem Kind auf ihre Liege zurück, die direkt neben uns platziert war. Ob das Kind wirklich bis vier Jahre alt war, weiß ich nicht. Ich hätte es auf mindestens fünf geschätzt. Ist auch nicht schlimm, an der Kasse werden die Angestellten schon wissen was sie machen.

Fakt ist jedenfalls, dass das Kind ununterbrochen am Plappern war. Und das in normaler Kind Lautstärke. Es fiel uns schwer abzuschalten. Aber wir wollten nichts sagen, es ist schließlich ein kleines unschuldiges Mädchen. Aber dann fing auch noch die Mutter an zu telefonieren. Aber kein wichtiges Gespräch, nein, ich habe nicht gelauscht, sie sprach so laut und saß direkt neben uns, den Inhalt zu hören war nicht vermeidbar. Sie rief wohl einen jungen Mann an, mit dem sie vor Kurzem eine Zusammenkunft hatte, der sich wohl aber nicht an sie erinnern konnte, und mit dem sie sich verabreden wollte. Nach dem Gespräch unterhielt sie sich dann mit ihrer Tochter. Dann telefonierte sie mal wieder...Selbst nach mahnenden Blicken sagte die Dame nur einmal "sccchhhttt" zu ihrer Tochter, aber wirklich geändert hat sich: nichts. Abgesehen davon, dass sie mittlerweile lauter war als das kleine Mädchen.

Wir gingen dann noch einmal in das Wasser und wollten später abschalten, besser gesagt, es versuchen.

## Teil 2

Wir kamen aus dem Wasser um erneut an unseren Platz zu gehen, etwas entspannen und auch etwas zu essen, als zumindest *mir* dies vermiest wurde.

Ich ging zur Toilette und wartete vorne dran auf meinen Partner, der sich ebenso erleichtern wollte. Ich sah im Augenwinkel neben mir jemand auf mich zueilen, was aber daran lag, dass ich quasi am Ende des Ganges stand. Die Person kam ins Schleudern, fing sich, eilte weiter und stützte dann zu Boden. Es war wohl nicht sehr schlimm, dennoch drehte ich mich in die Richtung, ob der junge Mann wie ich dann sah, Hilfe benötigte.

Was dem jungen Mann aber dabei passierte, er hatte seinen kleinen Jungen auf dem Arm, den er krampfhaft versuchte fest zu halten. Leider entglitt er ihm und fiel auch zu Boden, aber auch nicht sehr schlimm. Die beiden wären nicht verletzt. Dennoch sah mich der Mann mit einer Art Scham an die ich erst nicht verstehen konnte, da es jedem passieren kann auf nassem Boden zu rutschen. Wahrscheinlich war was mit dem kleinen Jungen, dass er es eilig gehabt hatte. Dann sah ich es. Scheiße! Im wahrsten Sinne des Wortes. Scheiße, oder auch Kacka, AA, Exkremente die aus der Hose des Kindes quollen und sich auf dem Boden des Schwimmbades verteilten. Trotz der unangenehmen Überraschung brachte ich dem Mann aus der Toilette einige Tücher damit er die Scheiße wegputzen konnte.

Ich finde, in einem Bad, in dem bewusst keine Kinder gestattet sind ab vier Jahre, sollte es schon selbstverständlich sein, seinen Kindern eine Windel zu verpassen. Doch leider sehen das die Leute nicht so. Wahrscheinlich denken da auch wieder die Meisten, sie sind alleine auf der Welt. Mal abgesehen von den Bildern in meinem Kopf, die mir den Appetit verdorben hatten, hatte der gute Mann das AA nicht komplett weggeputzt. Denn als er weg war, war immer noch eine kleine Menge mit brauner Brühe auf dem noblen Parkettboden. Ich war froh, dass ich grundsätzlich Badelatschen an habe.

Ich möchte nicht wissen, wie viel Exkremente in dem Becken herum schwimmen, und frage mich, warum es dann nicht Regeln und Vorschriften gibt, um die Hygiene zu gewährleisten. Es laufen so viele Angestellte in dem Bad herum, und keinem fällt auf, dass die kleinen Kinder keine Windeln tragen. Sogar ich als Nicht-Mutter weiß, dass es Wasserwindeln bzw. Schwimmwindeln gibt.

Genauso bemerkt niemand, dass die kleinen Babies und Kinder permanent am Schreien waren und so eigentlich der Sinn des Entspannungsbades für Erwachsene verloren geht. Auch aufgefallen ist mir, dass Eltern ihre Kinder auf den Liegen wickeln, ohne ausreichend Unterlage zu schaffen. Auf Liegen, auf die andere Leute sich legen um auszuruhen, oder sogar eine Kleinigkeit essen möchten, lag möglicherweise nicht einmal eine Stunde zuvor ein verschissener und verpisster Kinderarsch.

# Neulich im Park – Tiershow

Vorne auf der Bühne machen die Hunde ihre Kunststückchen, im Hintergrund wird eine Bisamratte vorbeilaufen gelassen.

Neben mir eine Frau zu ihrem kleinen Kind:

„IIHHHHH was ist das denn… iiieehhh eine Ratte… IGGGIIITHH"

Ich dachte nur... was die den Kinder so beibringen, drehte mich um und sagte: „Das ist doch nicht Igith, das ist ein Tier." Sie lachte beschämend und sagte „naja im Klo möchte ich das nicht haben..." (ich dachte mir daraufhin meinen Teil) Als die *richtigen* Ratten kamen, sagte sie zum Kind "Oh gugg mal die Mäuse machen Kunststücke..." (ich dachte mir meinen Teil)

Später als die von der Frau bezeichnete Ratte wieder kam, hatte sie scheinbar nichts dazu gelernt und schrie wieder: „liiiiggiiith da ist das komische Tier schon wieder!"

Mannomann... naja, die "Ratte" hat das Gleiche von der Frau bestimmt auch gedacht.

# Ein Ausflug in den Wild- und Wanderpark

## An der Kasse

Ein Herbsttag, wunderschönes Wetter, optimal für einen Ausflug. Wir standen in der langen Schlange für den Wild- und Wanderpark an. Es standen mindestens 10 Personen vor uns, noch mal so viele hinter uns. Mindestens, da nicht genau abschätzbar war wie viele genau vor uns waren, denn manche bezahlten für Personen die nicht direkt in der Schlange, sondern auf einem Sammelplatz in der Sonne standen. Als wir fast dran waren, hinter uns waren nun mindestens 20 Personen, war vor uns ein Mann, der schon einen merkwürdigen Eindruck von seiner Erscheinung her machte. Er erschien so merkwürdig steif, so als fühle er sich als etwas Besseres und Schlaueres als alle anderen, etwas Gehobenes, ein Herr Von und Zu. Er meldete in der extrem geschwollenen Aussprache an der Kasse an: „Insgesamt zwei Erwachsene, meine Tochter und dann noch 5 Kinder." Mhh… muss er explizit erwähnen dass er eine Tochter hat? Oder ist die Aussage 6 Kinder irgendwie anstößig? Weiter ging es mit: „Eines der Kinder hat nachträglich Geburtstag, kann man da noch was machen?" Äh, naja, ich habe auch nachträglich Geburtstag, jeder hat das. „Haben Sie auch Bollerwagen

zum Verleih?"… „Wie läuft das denn ab bei Euch mit…"
„Wo ist denn bei euch…"  HALLLOOOO? Schlange? Kann
man nicht einen Mitarbeiter im Park fragen, und nicht
die Dame an der Kasse unnötig lange belästigen statt
einfach zu bezahlen, wenn hintendran zig Leute warten
die auch in den Park wollen?


## Lehrreiche Informationen

Wieder einmal fand ich es sehr interessant, wie
Kleinkindern von vorne rein schon die falschen Sachen
beigebracht werden. So steht ein Pärchen am Luchs
Gehege und sagt zu dem Kind „schau eine Mietzekatze"
okey, das ist nicht ganz abwegig, aber eigentlich nicht
richtig. „Bei der kann man aber kein Ei machen." Wenn
man diesen Satz wörtlich übersetzt… Naja, ich erläutere
dies mal nicht. Auch wenn ein Kind klein ist und noch
nicht richtig sprechen kann, warum kann man ihm nicht
gleich beibringen das es sich um einen Luchs handelt,
der zu den Katzenartigen Tieren gehört aber kein
Haustier ist und der nicht gestreichelt werden kann?
Oder eben so ähnlich. Genauso wie bei den Wölfen:
„Gugg doch da, ein WauWau"… wenn ich das höre kann
ich nur den Kopf schütteln. Warum sagt man dem Kind
nicht das ist ein Wolf? Oder von mir aus auch ein Hund?
Aber WauWau? Manchmal wundere ich mich nicht über
die mangelnde Intelligenz der Menschen. Erst bekommt

man komische Wörter beigebracht, später erst die Korrekten. Und warum? Weil man das so halt macht…

## Wer lesen kann….

Vor dem Greifvogelgehege hing ein riesiges Schild „Vogelschau findet nicht mehr statt." Die Saison war auch um. Stand auch am Eingang und wurde auch in der Bahn durch den Park gesagt. Ebenso hing es an der Kasse mehrfach aus. Da saßen doch tatsächlich Leute davor auf der Bank und sagten sich „um 15:30 Uhr geht's los" und warteten auf die Show. (In den Gehegen war auf Grund der Saison weit und breit kein Vogel zu sehen, da diese wahrscheinlich schon im Winterlager einquartiert worden waren).

## Zwergenaufstand

Am Waschbärengehege war ein Pärchen mit seinem Kind, das Kind konnte jedoch nicht über die Absperrung schauen und stampfte somit kurz auf den Boden da die Eltern das nicht interessierte. Die Mutter hob das Kind dann hoch und schimpfte: „Mach mal nicht so einen Zwergenaufstand hier. Noch ein Zwergenaufstand und du kommst ins Auto, ist mir egal. Du hast schon 2 Zwergenaufstände hier gemacht. Noch einer und du kommst ins Auto. Immer dieser Zirkus. Ich verkauf dich an die Zigeuner, ey. Dann kannst du Wäsche waschen… usw." Und das alles sehr laut, da frage ich mich, wer hier mehr Aufstand macht und die anderen Besucher, sowie die Tiere belästigt… Kind oder Mutter.

Scheinbar hat sie sich irgendwie cool gefühlt vor den anderen, weil sie die Macht über ihr Kind demonstrieren konnte, hat nur leider nicht dabei bemerkt, wie lächerlich sie sich (zumindest vor uns) gemacht hat.


## **Das Vorbild am See**


Eine weitere traurige Geschichte spielte sich am Strand eines Baggersees ab, als ein guter Freund von mir feststellte, dass Müll am Strand lag. Als umweltbewusster Mensch sammelte er den Müll ein und warf ihn in den Mülleimer, der schon fast überquoll. Ein Mann war mit seinem Sohn da und die beiden wollten irgendetwas bauen und der Mann forderte den Jungen auf, als Bastelzwecke einige Teile aus dem Müll zu bringen. Pappstücke oder was das war.

Abgesehen davon, dass der Müll sich dabei teilweise um die Mülltonne auf dem Boden verteilte, ließen die beiden den übrig geblieben und verbauten Müll einfach am Strand liegen als sie sich auf dem Weg nach Hause machten. Das fand mein guter Freund nicht gut, und sagte dem Mann in einem höflichen Ton, er hat seinen Müll vergessen Er solle doch so nett sein und diesen wieder in den Mülleimer werfen. Dass der Mann nicht gleich explodiert ist war alles, aber er motzte und beschimpfte ihn übelst. Was ihm denn einfiele ihm vor seinem Sohn zu Recht zu weisen. Er fühlte sich in seiner Autorität angegriffen. Leider ließ er sich aber auch nichts sagen, denn mein Freund versuchte ihm weiterhin in einem ruhigen und höflichen Ton lediglich zu erklären, wie wichtig es ist, Müll in den Mülleimer zu bringen. Und dass er es nur sagte, da er dachte, der Mann hätte dies vielleicht einfach nur übersehen. Das ging dann soweit, bis der Mann meinem Freund Schläge androhte. Vor seinem Sohn, wohlgemerkt. Und ärgert sich darüber, dass er vor seinem Sohn auf den Müll angesprochen wurde.

*Unmöglich, Leute. Was ist denn nun schlimmer für ein Kind, wenn höflich miteinander gesprochen wird und der Müll in den Eimer kommt, oder wenn der Vater einen jungen Mann beschimpft und Schläge androht, der in einem normalen Ton mit ihm spricht und der Müll einfach in der Natur liegen gelassen wird? Bitte wählen Sie Tor 1 oder Tor 2.*

# <u>Die groben normalen Unterhaltungsthemen</u>

Als ich in meiner Mittagspause auf dem Bankautomaten in dem Häuschen des großen Einkaufcenters Geld abheben wollte, musste ich wieder Zeuge davon werden, wie heutzutage mit Kindern umgegangen wird. Beziehungsweise, in dem Fall hier wird mit den Kindern ja nichts gemacht, sie sind *nur* anwesend. Ist ja leider auch die Tagesordnung heute, die Kinder werden oft wie Puppen gehalten. Sie müssen einfach nebenher laufen und den Mund halten.

An dem Automaten war eine Schlange, somit musste ich anstehen. Es kamen zwei sehr junge Mütter mit ihren Kindern angelaufen. Sie stellten sich direkt hinter mich in die Reihe der Leute, die sich einreihten. Die Mütter hatten schlabbrige Jogginghosen an, aber waren geschminkt als würden sie gleich eine wilde Disconacht durchleben wollen. Das erschreckende an dem Anblick fand ich allerdings, dass die Kinder, die zwischen fünf und acht Jahre alt waren, auch Schminke im Gesicht hatten. Allerdings nicht mal schön, sondern total verschmiert.

Nicht nur dass die Kinder für Schminke noch viel zu jung waren, denn Fasching war auch nicht, die Kids so extrem verschmiert rumlaufen fand ich wirklich traurig. Aber es geht noch weiter.

Die merkwürdigen Mütter, die natürlich rauchten, unterhielten sich über irgendeinen Nachbarn, oder Bekannten. Sie erzählten sich, dass ein Mann Namens... keine Ahnung... von jemand anders einfach wegen... keine Ahnung, eine Schachtel Kippen oder so, abgestochen wurde. Ich habe erst gedacht ich höre nicht richtig. Aber so war es und anhand des Gespräches ging es auch genau um das, es war keine Metapher. Vor den Kindern!

Ich denke ich muss hierzu nicht mehr viele Worte verlieren, wie wohl die Alltagsgespräche in dieser Familie ablaufen und die Kinder aufwachsen müssen.


## **<u>Interessantes TV Programm</u>**


Das Kind eines ehemaligen Partners was bei uns zu Besuch. Das Kleine ist gerade fünf Jahre alt geworden, ein kleiner süßer Knopf. Als wir zusammen saßen und spielten gab mir der Kleine doch immer wieder einen Namen, den ich zufällig aus einer Vampir-Schnulze kannte. Hat mich im ersten Moment verwundert, aber es war schließlich nur ein Name, und Namen gibt es immer mehrfach. Besonders auch in Kindergärten gibt es viele Bücher, den Kindern werden Geschichten erzählt, viele Kinder mit vielen Namen gehen dort hin, war also sicher nur ein Zufall. Stutzig wurde ich jedoch, als das Kleine anfing, mir detailliert Szenen zu beschreiben, welche auch aus dem Film stammten, z.B. als ein silbernes Auto um die Ecke schoss, was es für ein Auto war etc.

Durch geschicktes und unauffälliges Erfragen stellte sich heraus, dass das Kleine doch tatsächlich vor den Fernseher gesetzt worden war und sich diesen Film anschauen durfte. Klar, die meisten wissen von welchem Film ich spreche, auch dass dieser nicht sonderlich brutal ist um die jungen Mädls ins Kino zu zerren. Aber für ein fünfjähriges Kind ist meiner Meinung nach jeder Film ab zwölf, egal ob brutal oder nicht, ungeeignet! Auch Dailysoaps und sonstige Erwachsenenfilme kannte der Kleine ganz genau.

Ich bin nicht die Mutter, ich bin keine Mutter, aber selbst ich würde so etwas nicht erlauben, zum Wohle des Kindes.

Dass ein Kind mit elf vielleicht schon so weit ist dass es ein Film ab zwölf sehen kann, in Ordnung, aber nicht mit fünf. Es gibt schon einen Grund weshalb die Filme eingestuft werden. Sicher manchmal nicht nachvollziehbar, aber so die grobe Richtung stimmt schon.

Leider können viele Erwachsene nicht einschätzen, wie schädlich ein ihres Erachtens harmloser Film für ein Kind in so einem Alter sein kann. Es kann zu massiven psychischen Defiziten führen. Ebenso finde ich es nicht gut wenn permanent den ganzen Tag der Fernseher läuft und irgendwelche hirnlosen Sendungen im Fernsehen laufen, welche die Eltern sich anschauen und die Kinder das zwangsweise mit zuschauen müssen. Dass ein Kind mal was aufschnappt ist verständlich. Aber permanent Erwachsenen Programme laufen zu lassen ist meiner Meinung nach für das Kind nicht sehr förderlich und unangebracht.

Aber was hab ich da schon zu melden... ich bin ja schließlich keine Mutter...

# Beim Einkaufen

## Teil 1

Meine Schwester wollte vor Ihrer Schicht noch kurz in den Supermarkt und sich etwas zu essen kaufen für die Arbeit. Sie war etwas spät dran und beeilte sich, damit sie schnell an die Kasse kam. An der Kasse standen zwei Mütter mit ihren Kindern und wollten auch bezahlen, als das eine Kind permanent am Klettern und herumtollen war. Es nutze hierzu die Absperrung, welche bei geöffneter Kasse natürlich eingeklappt war. Da die Mutter und deren Freundin es nicht interessierte was ihre Kinder machten, rastete die Absperrung ein. Meine Schwester wurde etwas ungeduldig, weil das ganze Herumtollen massiv Zeit in Anspruch nahm, und den Verkehr aufhielt. Schließlich musste so die Verkäuferin extra von der Kasse weg, um die Absperrung wieder zu lösen. Daher schnaufte meine Schwester kurz vor sich hin, was nicht aus Zorn, sondern aus Angst war, zu spät auf die Arbeit zu kommen. Doch sie sagte keinen Ton. Da drehte sich die Mutter des einen Kindes zu ihr um und motze sie an ob sie ein Problem habe. Daraufhin sagte sie lediglich: „Nein". Da patzte die Frau weiter „Das sind doch Kinder!!" Daraufhin antwortete sie nur (jedoch freundlich): „Deshalb dürfen die alles?" Da drehte sich die Mutter zu Ihrer Freundin und sagte „Die Frau regt sich darüber auf dass die Kinder spielen, sie will gefälligst vorgelassen werden, ihr dauert das zu lange, aber ich glaub es geht los! Das sind doch Kinder!" Meine Schwester kochte innerlich, denn sie hatte keinen Ton davon gesagt, blieb aber ruhig, sie wollte vor der Arbeit keinen Ärger, der Tag würde anstrengend genug werden.

## Teil 2

Ich stand mit meinem Freund an der Kasse eines größeren Sportgeschäftes als wir mal wieder Zeuge über das Privatleben anderer wurden, ungewollt. Vor uns stand eine Dame, dessen Kind ein paar Meter weiter auf dem Boden saß, ohne Schuhe. Die Frau rief lauthals dem Kind ständig zu es solle sich doch endlich die Schuhe anziehen, schließlich müssen sie um 13 Uhr bei Tante XY sein, denn dort seien sie zum Essen eingeladen. Das kleine Kind, drei oder vier Jahre alt, schien sich aber nicht sonderlich dafür zu interessieren was die Mutter da im Zuge ihres Mitteilungsbedürfnisses maulte.

Abgesehen davon wage ich zu bezweifeln, dass ein Kind in diesem Alter solche Worte richtig aufnimmt, und abschätzen kann, wie viel Uhr 13 Uhr ist und wie viel Uhr aktuell ist, während es damit beschäftigt ist, alles nicht zu tun, was die Mutter verlangt und diese einfach komplett zu ignorieren.


## Teil 2,5

Irgendwann bequemte sich das Kind dann, ohne Schuhe, zu der Mutter die immer noch an selber Stelle stand und sehr laut mit dem Kind redete. Das Kleine hatte dann Hunger, und fragte die Mutter nach einer Kleinigkeit zu essen. Ebenso laut, als sei das Kind immer noch einige Meter weg, tadelte die Mutter, dass wenn das Kind Hunger habe, hätte es auch den Joghurt essen können, welchen es heute Vormittag aufgerissen, aber dann stehen gelassen hat.


*So Leute, Warum ich das erzähle, na der Mutter war es scheinbar wirklich wichtig, dass so viele Leute wie möglich dies erfahren. Da wäre es doch schade, wenn es nur die Leute wüssten, die an dem Tag in dem Geschäft waren.*

*Oder?*

## Teil 3

Nicht ganz beim einkaufen, aber so ähnlich erfuhr ich in einem Amt die reinste Mutterliebe und auch diese Selbstverständlichkeit, als Mutter bevorzugt zu werden.

Ich musste mich um neue Dokumente kümmern, und ging, da es zeitlich mit meiner Arbeit nicht anders zu vereinbaren war, um 17:25 Uhr ins Amt. Ich hatte noch 35 Minuten Zeit bis das Amt schloss. Genügend Zeit, denn vor mir wartete keiner vor den verschlossenen Türen, ich war also die Nächste.

Ein Mann kam rein und setzte sich neben mich. Es war mittlerweile 17:40 Uhr. Nach kurzer Zeit schon fing dieser an mich voll zu labern, und mich zugleich noch zu duzen. Dass ich ihn kaum beachtete und nur mit Nicken oder Schulterzucken seine sinnfreien Fragen zu Wartezeit etc. beantwortete schien ihn nicht zu interessieren.

Scheinbar wurde ich dem Mann dann irgendwann doch zu langweilig, denn er kramte sein Handy heraus. Im Zeitalter der Flatrates kann man ja den Damen imponieren indem man(n) wegen unnötigen Angelegenheiten herumtelefoniert und damit zeigt, wie viele Geld man(n) hat. So rief der Mann den Fotografen an bei dem er gerade war, um ihm mitzuteilen, dass er gleich noch mal käme, noch eine CD abzuholen mit den Bildern drauf die er hat machen lassen. Warum er dies genau neben mir auf dem Stuhl machen musste verstand ich nicht, aber scheinbar ist das Zeitalter des Anstandes vorbei.

Um 17:50 Uhr kam eine Frau herein, setzte sich hin. Der Mann witterte ein neues Opfer, und da die Frau scheinbar genauso tickte wie der Mann, stichelten Sie sich mit den gleichen unnötigen Fragen wie Wartezeit etc. auf. Nach wenigen Minuten, kurz bevor ich hereingerufen wurde (zum Glück, denn ich dachte wenn Feierabend ist, ist Feierabend) bekam ich noch mit, wie die Frau den Mann fragte, ob sie nicht vor dürfte, denn es ist warm draußen und sie hat zwei kleine Kinder im Auto.

Hätte sie mich angesprochen hätte ich sie nicht vorgelassen. Einfach deshalb, ich war schon über eine halbe Stunde da, ich kam also auch noch rechtzeitig um das Recht zu erhalten an die Reihe zu kommen. Dann würde ich nicht fünf Minuten vor Ende der Öffnungszeiten eines Amtes vorbeikommen, und wenn ich sehe dass einige Leute sitzen dann noch so dreist sein und fragen ob ich vor kann.

Zudem, wenn ich eine Mutter bin und meine Kinder umsorge, und es ist wirklich extrem heiß draußen und ich gehe auf ein Amt und weiß nicht wie lange es dauert, dann verdammt noch einmal nehme ich die Kinder mit. Mich würde es nicht wundern wenn noch die Scheibe unten gewesen wäre oder der Schlüssel gesteckt hätte.

Aber zum Glück ging die Tür auf, ich war an der Reihe und ich musste ich mir das Gerede nicht mehr weiter anhören.

## Teil 4

Frech oder nicht frech, das ist hier die Frage. Als ich selbst noch ein jüngeres Kind war und Einkäufe für meine Mutter erledigte, ging ich eines Tages zu dem Einkaufsmarkt um die Ecke. Ein kleines Kind stand dort mit ihrer Mutter und wollte einen Einkaufswagen holen. Ich konnte nicht erkennen dass das Kind in irgendeiner Art und Weise böse oder frech war, es wollte lediglich den Wagen schieben. Die Mutter schrie das Kind an, schnappte sich ein Arm des Kindes und schüttelte es hoch in der Luft wie aus einem schlechten Comic, in dem die Bösewichte Unschuldige schütteln, damit denen das Geld aus den Taschen purzelt. Mir tat das Kind sehr leid, doch ich war selbst noch ein Kind und wusste auch nicht was ich machen sollte.

Zumal man heutzutage  ja nichts mehr zu Eltern über deren Kinder sagen darf, wie in folgendem Teil zu sehen:

# **Feld**

Eine Geschichte, die ich nicht vergesse. Ich musste vor einem Termin noch etwas warten.  Es war aber nicht genügend Zeit, um irgendwo bummeln zu gehen oder heim zu fahren. Also stellte ich mich in einen Feldweg mit meinem Auto und beschloss etwas zu entspannen. Die Ruhe zu genießen. Im Außenspiegel sah ich schon von weitem einen Junge mit einem Hund kommen. Natürlich dachte ich mir erst nichts dabei als ich meinen Augen nicht traute. Der Junge zog eine Pistole aus der Jacke, und schoss zwei Mal auf mein Auto! Scheinbar hatte er mich nicht gesehen. Es war scheinbar nur eine Spielzeugpistole. Aber dennoch war ich erst einmal geschockt. Als der Junge näher kam, machte ich die Tür auf und fragte was das solle, er schaute mich nur verstohlen an und ging weiter als wäre nichts gewesen. Ich ging um mein Auto und konnte auf den ersten Blick nicht viel sehen, da es schon etwas dämmerte und mein Auto an dem Tag nicht vor Sauberkeit glänzte. Dennoch hätte es sein können, dass der Lack einen Schaden abbekommen hat.

Heutzutage darf man Kindern gegenüber ja weder etwas sagen noch tun, also verhielt ich mich angemessen, ging in mein Auto und wartete, bis der Junge von dem kurzen Spaziergang zurückkam. Dauerte auch nicht lange, und er sah mich verstohlen an beim Vorbeigehen. Möglichst unauffällig wendete ich mein Auto als er um die Ecke bog und beobachte, in welches Haus er ging. Ich parkte und klingelte am Gartentor. Die Frau die die Haustür öffnete war scheinbar die Mutter, und ich schilderte ihr den Fall. Doch anstatt den Jungen zu fragen, oder sich anstandsweise zu entschuldigen motzte die Frau mich an, was mir einfiele so etwas zu behaupten, ihr Sohn würde so etwas nicht machen, ihr Sohn besitzt keine Spielzeugpistolen und knallte mir ohne eines weiteren Wortes die Tür zu.

Das eine Mutter ihr Kind beschützt kann ich nachvollziehen, aber trotz allem war es mir gegenüber ein respektloses Verhalten. Ich erwarte nicht dass das Kind vor mir bestraft wird, oder jemand vor mir auf die Füße fällt. Aber zumindest fragen hätte sie das Kind können, so dass der Junge sich das nächste Mal zweimal überlegt ob er auf fremde Autos schießt. Getan hat er es ja zweifellos. Aber Lerneffekt: Meine Mama nimmt mich immer in Schutz, also kann ich machen was ich will.

Gut, ich weiß nicht was hinter verschlossener Tür war, aber mir gegenüber war dies nicht in Ordnung. Wäre ich ein streitsüchtiger Mensch, hätte ich zur Polizei gehen können wegen meines Autos, aber das alles wegen eines Jungendstreiches? Ich hoffe nur, der Junge wurde wenigstens darauf hingewiesen, dass sich so etwas nicht gehört.

# **Kinder und das liebe Geld**

Es kotzt mich an ohne Ende. Es gibt leider genug Frauen, die ihren faulen Arsch daheim plattdrücken und Kinder bekommen nur damit sie nicht arbeiten gehen müssen. Natürlich nicht alle, keine Frage, brauchen Sie, WENN Sie nicht betroffen sind jetzt auch gar nicht gleich anfangen zu schimpfen. Vielleicht ist es auch die Minderheit. Aber es gibt sie! Abgesehen davon, dass sie ihre Freizeit meist nicht dafür nutzen die Kinder zu betreuen und ordentlich zu erziehen, hocken sie diese vor die Glotze und bekommen dafür noch Geld in den Allerwertesten geschoben. Unterhalt von den getrennten Partnern, Kindergeld, Elterngeld und was auch immer es noch alles gibt. Da eine Vergünstigung, dort etwas günstiger. Ist es nicht auch so, dass Arbeitslose einmal im Jahr Geld für Urlaub bekommen? Lauter solche Geschichten. Und der Arbeitende muss das bezahlen. Da ein Zuschuss und dies und das, die anderen bezahlen es ja.

Jetzt ist ja noch in Planung, jeder Gebärenden noch ein Startkapital im vierstelligen Betrag in den Hintern zu schieben. Super, die Betroffenen bleiben daheim und viele andere müssen den ganzen Tag lang arbeiten und circa die Hälfte von dem hart verdienten Geld abtreten welches dann überall hin verteilt wird... Ganz toll. Wenn das wirklich so kommt und ich sage, ich will keine Kinder oder kann es mir nicht leisten, oder kann aus gesundheitlichen Gründen keine Kinder bekommen muss ich da dann auch noch dafür blechen. Finde ich als Kinderlose natürlich extrem unfair. Verständnis von Eltern werde ich dafür natürlich nicht bekommen. Aber für Eltern Verständnis für alles Mögliche wird stets gefordert...

Und so Sprüche wie Kinder kosten auch viel Geld, oder Kinder sind auch Arbeit... jaaa mag ja alles sein, aber diejenigen WOLLTEN ES DOCH SO. Es ist jedem seine eigene Entscheidung ob und wie viele Kinder in die Welt gesetzt werden. Und auch ich habe, wenn ich nach einem Fulltimejob nach Hause komme, noch einen Haushalt zu führen. Nur ich muss all meine Sachen selbst bezahlen. Ich bekomme nichts dazu bezuschusst. Wenn ich es mir nicht leisten kann, ein Kind zu ernähren, dann lass ich es bleiben. Ein Kondom kostet nicht die Welt. Geld hat eh keiner genug, gemault wird immer und die Hand aufgehalten. Ich brauch hier Geld für mein Kind und hier Geld für mein Kind... Früher haben die Leute auch kein Geld für Ihre Kinder bekommen, die mussten auch schauen wie sie sie ernähren.

Auch wenn die meisten jetzt rummaulen, Butter bei die Fische, es ist doch so. Die harten Arbeiter und Kinderlosen haben hier die Arschkarte.

Viele Mütter werden jetzt monieren, dass sie ja schließlich einen Haushalt zu bewältigen haben und das auch wie arbeiten gehen ist. Ähm, sorry, alle anderen Leute haben ebenfalls einen Haushalt… Nur die Mütter haben im Normalfall 7-10 Stunden mehr Zeit als Vollzeitberufstätige. In dieser Mehrzeit sollte die Mehrarbeit, die die Kids einem bereiten, zu bewältigen sein, und noch genügend Zeit sein um sich um die Kleinen zu kümmern. Es gibt auch Berufstätige, die sowohl Kids, als auch Haushalt im Griff haben. Hut ab! Es zählt übrigens nicht zu „Haushaltsarbeit", dass manche das Zuhausehocker TV Programm den ganzen Tag anschauen und sich hinterher beschweren, sie haben keine Zeit. Dies zählt zu Faulheit.


*Unmöglich, Leute. Es ist erschreckend, wie manche von euch mit euren Kindern umgehen, andererseits aber wie kratzbürstige untervögelte Furien rumschreien, wenn man nur etwas gegen das Fehlverhalten gegen das Kind in den Bart murmelt. Von den Misshandlungen mal ganz zu schweigen. Um es nicht ausarten zu lassen habe ich die vielen Geschichten nicht erwähnt, in denen beispielsweise durch Rettungskräfte später herauskam, dass Eltern ihre Kinder nur um sie zu quälen mit den nackten Arsch auf glühende Herdplatten setzten etc. Wenn ihr keine Kinder wollt, setzt keine in die Welt. Wenn ihr Geld braucht, geht arbeiten. Es findet sich immer ein Job, wenn man sich nicht für alles zu schade und zu fein ist..*

# HUNDE

Wie schon im Vorwort angesprochen, dass ich nichts gegen Kinder habe, habe ich auch nichts gegen Hunde. Dies von vorne weg. Dennoch verstehe ich die Art und Weise des Verhaltens der Hunde manchmal nicht, was jedoch meistens (wie auch bei den Kindern) auf das Fehlverhalten der Hundebesitzer zurückzuführen ist.

Ein Hund bellt, für ihn gibt es sicher einen Grund. Ein anderer Hund hört dies, und auch wenn er vielleicht keinen Grund hat, bellt er halt mal mit. Und alle außenherum haben keine Ruhe, denn dieses Gebelle hört man straßenweit. Es gibt Hunde, die bellen mal kurz wenn jemand vorbeiläuft, das ist ja auch in Ordnung. Es gibt aber auch Hunde, die bellen sobald sie einen sehen, rennen den Zaun entlang wenn man beim Spazierengehen vorbei läuft, bellen ununterbrochen bis man an dem Zaun komplett vorbei ist, und bellen dann noch 5 Minuten hinterher obwohl man ja längst weg ist. Das gleiche, wenn ein kleiner Hund auf einem Balkon hausiert. Muss das sein? Egal ob morgens wenn man noch schläft, abends wenn man versucht zu schlafen, tagsüber, bei einem Spaziergang, im Park, bei Verwandten, einfach überall ist immer wieder dieses Gebell von ein paar unerzogenen Hunden.

Ich unterstreiche nochmals dass ich kein Problem mit Hunden habe, auch nicht wenn sie ihr Gut beschützen und ebenso nicht, wenn sie mal (!) bellen wenn sie andere Hunde sehen. Aber irgendwann ist doch auch mal wieder gut.


## Kleiner Waldspaziergang


Mein Freund und ich gingen in den Wald  um etwas in Ruhe wandern zu gehen. Es war ein schöner Tag und wir hofften im Wald ein paar Tiere zu sehen. Als wir aus dem Auto ausstiegen, sahen wir auch noch andere Leute die wandern gehen wollten. So ging auch ein anderes Paar spazieren, welches gerade neben uns aus seinem Auto ausgestiegen war, einen Hund so groß wie ein Kalb um sie herumschwänzelnd. Als sie losgingen sprang der Hund ständig vom Weg ab. Der Hund kläffte ununterbrochen. Das Paar war permanent am Rufen des Hundes, der kurz in deren Richtung lief, sich aber gleich wieder davon machte um weitere Ecken im Wald laut bellend zu erkunden. Nicht angeleint, wohlgemerkt!

Wir gingen in eine andere Richtung, dennoch war sehr lange Zeit das Bellen des Hundes zu hören. Ich frage mich, ob das sein muss. Ein Spaziergang mit dem Hund, ok. Unangeleint, auch ok, wenn er denn hört. Doch mit einem Hund in dieser Größe, und scheinbar hörte er nicht, unangeleint in den Wald zu gehen, wo Familien und Paare in Ruhe wandern wollen und in dem wilde Tiere leben finde ich meiner Meinung nach absolut unangebracht. Aber wenn man selbst keinen Hund hat darf man da ja nichts sagen…

Ich muss hierzu anmerken, dass wir bereits schon mehrere Hunde in der Familie hatten, und keiner davon war permanent am rumbellen und jeder hat gehört. Dieses Fehlverhalten ist also keine Normalität.

## Entspannung im Park

Um wieder auf den Tag im Park zu kommen:

Auch viele Menschen mit Hunden waren da. Natürlich. Was auch in Ordnung ist… irgendwo müssen die Hunde ja schließlich hin kacken. Bietet sich der Park ja ideal an. Was jedoch nicht in Ordnung ist, ist einen Hund ohne Leine nebenher laufen zu lassen, wenn dieser nicht hört. (wo wir wieder beim Thema wären…)

Eine Dame näherte sich, ein Fahrrad schiebend, und der Hund lief nebenher. Aber eigentlich auch nicht, denn er lief eher überall im größeren Radius außenherum als nebenher. Er kam auch zu uns. Ich habe keine Angst vor Hunden und mag Tiere. Aber wir hatten Essen dabei und der Hund steckte ja schon fast die Nase in unsere Taschen bis die Besitzerin mal auf die Idee kam, Ihren Hund zu rufen. Und natürlich: Der *„ich hab einen Hund, Hunde sind toll, alles ist erlaubt, lacht und lächelt gefälligst"* Blick und Lächler ließ nicht lange auf sich warten. Ich fand es nicht so lustig, wollte ich doch meine kleinen mitgebrachten Würstchen-Snacks eher unangesabbert genießen.

Auch wenn man dies nicht toll findet, lächeln die Genervten oft mit den Leuten, damit Ruhe ist. Natürlich kann man nicht immer lächeln wenn man extrem an gestresst ist. Und schon wird man in die Schublade BÖSE oder HUNDEHASSER gesteckt. Oder etwa nicht? Dabei bedeutet es doch nicht gleich, dass man Hunde hasst, wenn man genervt ist von dem permanenten Gebelle um einen herum.

Der Hund musste im Übrigen permanent von der Frau gerufen werden, was nicht unbedingt zu der Ruhe in dem Park beisteuerte. Das kann einem auch gehörig auf den Sack gehen... „Hasso, komm... hierher... Hasso... hierher... komm. Wirst du wohl hören... (nein, macht er nicht) Haaaaasssoo... bei Fuß, komm her... hierher... lass das... Hasso... Pfui..."

Toll.

# Nachbarschaft

„Äuuuuäuäuäuäuäu      Äuuuuäuäuäuäuäu      Äuäuäu, Äuuuuäuäuäuäuäu Äuuuuäuäuäuäuäu…" ist der laut eines Hundes in der Nachbarschaft gewesen. Wohlgemerkt, einige Häuser weiter. Wieder, und wieder, und wieder, und wieder. Mehrmals täglich. An Sonn- und Feiertagen gefühlt mindestens den halben Tag. Irgendwann nahm es Ausmaße an. Es begann morgens schon vor 7 Uhr, oder gar vor 6 Uhr. Abends nach 23 Uhr. Wir riefen ab und an aus dem Fenster doch es war nie lange Ruhe. Geweckt wurden wir auch mehrfach.

Aufgrund schlechter Erlebnisse traut man sich auch nicht unbedingt da mit den Menschen zu sprechen, auf Psychoterror, zusätzlich zu dem Gekläffe, hatten wir nämlich auch keine Lust. Doch ich war kurz davor, als dann wieder ein paar Tage Ruhe war.

Bis es irgendwann soweit kam, das es nachts um halb zwei losging. Ich hatte sowas von die Schnauze voll. Ich schreckte aus dem Schlaf, vollgepumpt mit Adrenalin, riss das Fenster weiter auf als den Spalt, dass es eh schon auf war, streckte meinen Kopf raus und brüllte so laut wie ich konnte „H A L T E N D L I C H D I E F R E E E E E E E E S S E!!!!!!!!" Ich glaube, die ganze Ortschaft hat das gehört. Ich war erstaunt darüber, wie laut ich schreien kann. Aber es hat gefruchtet. Seitdem ist meistens Ruhe. Ganz selten hört man am Tage noch das „Äuuuuäuäuäuäuäu Äuuuuäuäuäuäuäu…" aber nicht mehr so lange, und nicht zu unmöglichen Uhrzeiten. So wie es ist, ist es okay.

Ich kann nicht nachvollziehen, weshalb Hundebesitzer sich Ihrer Verantwortung nicht stellen und den Hund entsprechen behandeln, erziehen, auslasten oder was auch immer nötig ist. Wir hatten früher selbst Hunde, und keiner hat zu den unmöglichsten Uhrzeiten die Nachbarschaft wachgekläfft. Wahrscheinlich ist es den Hundebesitzern zu viel Arbeit sich um Ihr Tier zu kümmern, oder es nervt sie selbst und dann wird es einfach in den Garten gesperrt. Soll es doch die anderen nerven. Ich denke, dass es meistens nicht die Schuld des Tieres ist. Ebenfalls kann ich nicht nachvollziehen, wie die Menschen so egoistisch sein können und nicht darüber nachdenken, dass es die Nachbarn möglicherweise belästigen könnte, wenn ihr Hund früh morgens, den ganzen Tag über, spät abends oder sogar nachts herumkläfft. Sie haben einen Hund und denken deshalb, sie sind was Besonderes und jeder andere hat darauf Rücksicht zu nehmen.

# (K)ein entspannter Spaziergang

Als ich eines schönes Tages joggen ging, ich war noch etwas jünger, kam mir plötzlich ein riesengroßer Hund entgegen. Es handelte sich um einen Dalmatiner. An sich ein sehr schöner Hund, doch wenn dieser unerwartet auf einen zu rennt, wird manch Einem schon etwas mulmig.

Folgendes passierte:

Ich blieb natürlich abrupt stehen, wusste nicht was nun passiert. Riesige Angst hatte ich nicht, da ich grundsätzlich keine Angst vor Hunden habe. Doch etwas Respekt hatte ich schon. Denn man weiß ja nie was passiert, was den Hund denn nun geritten hat, auf mich so zu zustürmen. Der Besitzer rief nur von hinten: „keine Angst, der macht schon nichts." Der Hund sprang an mir hoch, machte aber ansonsten nichts. Dennoch finde ich diese Situation hätte der Hundebesitzer nicht zulassen dürfen. Nicht auf einem Weg, auf dem ein hoher Fußgängerbetrieb, auch mit vielen Kindern, herrschte.

Folgende Möglichkeiten könnten in solch einer Situation passieren über die sich kaum jemand dieser Hundebesitzer Gedanken macht:

Möglichkeit 1

Ein jüngeres, vielleicht sogar kleineres Kind als der Hund läuft den Weg entlang. Der Hund kommt auf das Kind zugestürmt. Abgesehen davon, dass das Kind so einen riesen Schreck bekommen und sogar große Angst empfinden könnte, könnte der Hund durch das Anspringen das Kind umwerfen, das Kind könnte durch den Schreck, durch Stolpern oder einfach durch das hohe Gewicht des Hundes nach hinten stürzen und sich den Schädel auf dem Asphalt aufschlagen. Was dadurch dann alles passieren kann brauche ich denke ich nicht zu erwähnen. Hier ist die Aussage „keine Angst, der macht schon nichts", nicht sonderlich hilfreich, denn dass, was hier dennoch passieren könnte, ist damit auch nicht zu entschuldigen.

Möglichkeit 2

Eine Person mit einer Hundephobie oder schlechten Erlebnissen mit Hunden, sprich einfach ein Mensch der panische Angst vor Hunden hat, könnte durch dieses Erlebnis zu Tode erschrecken. Selbst wenn der Hund der Person nichts tut, könnte die Person einen Schock bekommen und massive Ängste in ihr aufkommen. Es könnten tagelange Angst-Symptome folgen oder die Person könnte eine Zeit lang von Alpträumen geplagt werden. Dies alles würde die Lebensqualität der Betroffenen senken. Auch hier ist die Aussage „keine

Angst, der macht schon nichts", nicht unbedingt von Nutzen.

Möglichkeit 3

Zufällig hat der Spaziergänger eine Hundehaarallergie. Es gibt genug Menschen, bei denen wenige Hundehaare ausreichen, dass sie unter Atemnot und anderen Symptomen leiden. Tierallergien sind heutzutage keine Seltenheit. Daher kommen auch viele Menschen nicht zu anderen Menschen in die Wohnungen, wenn diese Hunde oder Katzen haben. Auch nicht kurz, auch nicht in den Hausgang, den Flur etc.

Wenn diese Person nun allergisch auf Hundehaare reagiert, hat sie ein massives Problem, wenn der Hund an ihr hochspringt, die Person möglicherweise sogar noch abschleckt. Denn automatisch bei Kontakt zu Tieren bleiben die Tierhaare an der Kleidung haften, bei dem einen Tier mehr, bei dem anderen weniger. Dies kann sich bei der Person gesundheitlich negativ auswirken. Wenn die betroffenen Personen erst einmal die Haare mit nach Hause bringen ist es sehr schwer, alle wieder los zu werden. Natürlich ist es bei einer kleinen Menge an Haaren nicht ganz so dramatisch, als wenn das Tier in der Wohnung war. Doch wer selbst Tiere hat, weiß wie viele Haare ein Tier verliert und wie schwer diese zu entfernen sind. Die Nichtwisser wären erstaunt darüber, welche Schlupflöcher die Haare finden. Für einen nicht allergischen Menschen kein Problem, aber für einen allergischen Menschen kann dies lange Zeit zu einer Qual werden.

Hier ist die Aussage „keine Angst, der macht schon nichts", leider ohne Bedeutung.

Klar, ist das Schwarzmalerei, aber es könnte doch sein. Ich denke, jeder sollte selbst entscheiden dürfen, ob er einen Hund berühren will oder nicht, und es sollte niemand ungefragt einer solchen Situation ausgesetzt werden. Denn für den Besitzer ist das möglicherweise nicht schlimm, aber die betroffene Person kann sehr wohl ein Problem damit haben. Und es ist die Aufgabe des Besitzers dafür Sorge zu tragen, dass sein Hund so etwas nicht macht.

*Also Leute. Sind wir doch einmal ehrlich. Viele Menschen kaufen sich einen Hund, haben aber eigentlich gar keine Zeit sich zu kümmern. Das Tier wird dann zu Hause eingesperrt oder in den Garten gelassen, der ärmste fühlt sich einsam und allein, ihm ist langweilig, also fängt er an zu kläffen. Das nebenan Leute wohnen die Arbeiten gehen, die möglicherweise Schicht arbeiten, oder auch Kinder, Menschen mit Migräne usw. egal warum oder weshalb. Das Hunde bellen, ok. Das sie permanent den ganzen Tag lang oder mitten in der Nacht die Leute wach bellen: nicht ok! Leute, überlegt euch vorher ob ihr euch einen Hund anschafft. Und bevor ihr denkt: Ach ja so ein kleiner Hund das macht ja nichts... die sind oft die lautesten!*

*Ich sehe hier übrigens leichte Parallelen zu einigen Eltern von Kindern. Ihr auch?*

Ach, da fällt mir noch dieses Schild ein. Am Eingang eines Parks, in dem Hunde (sogar unangeleint) umherliefen und auf die Rasenfläche geschissen haben. Einige Meter daneben hat eine Gruppe Jugendlicher ein Grill aufgebaut und zu Ihrem Mittagssnack unerträgliche Musik aus einem Radio laufen lassen. Von dem ganzen Müll am Wegesrand und auf den Grünflächen mal abgesehen. Mhhhhhh...

# ÄLTERE MENSCHEN

Was älter bedeutet, steht immer wieder zur Diskussion. Ich habe noch keine 4 vorne stehen, somit ist für mich alles ab meinem Alter aufwärts älter (als ich). Meist meine ich aber schon fast Rentenalter. Es ist nun mal „alt", das ist das Leben. Also nicht gleich eingeschnappt sein, wenn ich über „ältere Menschen" schreibe! Das ist nicht beleidigend gemeint.

## Ein netter Ausflug ins Schwimmbad

Ich gehe eigentlich davon aus, dass Erwachsene und vor allem etwas ältere Menschen (Menschen mit entsprechender Lebenserfahrung) sich zu benehmen wissen. Doch wir hatten ein älteres Pärchen vor uns, dass da wohl eine andere Auffassung von hatte. Die Beiden machten einen sehr sympathischen Eindruck, bis ich sah, dass sie ihre nasse Kleidung über die Lampen der hochwertigen Liegen hängten. Nicht nur das knappe Bikini Oberteil der Frau, nein, auch die große Badehose des Mannes. Abgesehen davon, dass diese nass ein ordentliches Gewicht ergab, welches die Lampen enorm belastete, waren diese ja eben nass. Nicht feucht, sondern klitschnass. Es waren keine stabilen, dicken, feste Lampen, sondern noble Leselampen, die an jeder Liege am Kopfende angebracht waren. Sie hatten einen flexiblen Hals, der ein wenig an einen Brauseschlauch erinnerte. Dies ist gedacht um es den Gästen zu ermöglichen, zum Lesen die optimale Position der Lampe einzustellen. Ich war wirklich entsetzt wie respektlos so auf den ersten Blick reife und nette Menschen mit der kostenlosen Leihgabe anderer umgingen. Zumal es extra Vorrichtungen gab um nasse Kleidung und Handtücher aufhängen zu können. Ich erwähnte, scheinbar nicht laut genug oder zu höflich, dass diese Lampen mit Elektronik ausgestattet seien und sie möglicherweise kaputt gehen könnten. Aber das hörte natürlich keiner der Beiden, oder wollte keiner hören.

Ich denke, ich muss nicht erwähnen, wessen Lampen nicht gingen als wir dann später lesen wollten und es schon zu dunkel war um ohne Licht klar zu kommen. Als ich mich ärgerte und vor mich hin bruddelte, dass dies wohl daran liegt das manche Leute die Lampen als Kleiderstange missbrauchen, drehte der Mann sich leicht in unsere Richtung und glotzte doof. Komisch, wie das Gehör plötzlich ging.

# **Rücksicht im Straßenverkehr**

Neulich in einem kleinem Ort: Ich fuhr im Neubaugebiet die vorgeschriebenen 30. Ja, wirklich. Vor mir ein Ehepaar 70+ auf dem Fahrrad. Die Frau hielt am Rand der Straße, der Mann blieb plötzlich mitten auf dieser stehen und gafft in einen Hof hinein. Wirklich mitten auf der Straße. Ich hielt sicherheitshalber an, denn man weiß ja nie... am Ende fährt der Mann weiter und mir vor die Reifen. Da winkte mich der Opa schon total genervt und total hektisch vorbei. Ich musste total ungeschickt lenken, um den Sicherheitsabstand zu wahren. Ich fuhr vorbei und bruddelte vor mich hin, was nach außen aber nicht zu hören war. Da brüllt die Alte von hinten, aber wie unfreundlich: "Halt die Gosch, du dumme Nuss!!"

WHAT? Ich halte mich an die Verkehrsregeln, achte auf die Sicherheit des alten Sacks und werde als Dank dafür geduzt und geschimpft?! Nett! Am liebsten wäre ich ausgestiegen und hätte die Alte von ihrem Drahtesel geholt. Aber für so etwas bin ich ja einfach zu nett. Im Gegensatz zu den Alten heutzutage.

*Unmöglich, Leute. Ihr braucht euch wirklich nicht wundern, wenn irgendwann keiner mehr Rücksicht auf eure Verpeiltheit nimmt oder über manche Alte schimpft!*

<u>**Wurst zum probieren**</u>

Gratis Essen, Häppchen zum Probieren, feine Leckereien ohne zu bezahlen. Das gibt es alles in der leckeren Keimschale! In vielen Supermärkten steht vor der Fleisch- oder Käsetheke so ein Probierteil mit Wurst oder Käsestückchen. Das ist so genial da einmal stehen zu bleiben und zuzuschauen, wie die fetten, meistens alten, aber ab und an auch sonstige merkwürdige Menschen dort ran walzen und gekonnt ignorieren, dass da eine Zange liegt um das Essen rauszunehmen. Wie Sie dann mit ihren fetten Wurstfingern Teile heraus grabschen und dabei mindestens die Hälfte der drin verbleibenden Teile anfassen. Sich die Backen vollstopfen und dann wieder mit ihren abgeschleckten Fingern, natürlich wieder ohne Zange, in die Schale greifen. Wirklich herrlich.

Ich wette, würde man da mal eine Probe auf eine Petrischale mit Nährlösung legen, würden da Kulturen wachsen die euch bis in eure Alpträume verfolgen!

*Unmöglich, Leute! Hauptsache umsonst. Und die Krankmeldung wegen Magenverstimmung gibt es dann gratis dazu.*

# Sauna

Ein gemütlicher Tag in der Sauna, ist das nicht eine schöne Möglichkeit den Alltagsstress hinter sich zu lassen und zu entspannen? Nein, eben nicht.

Des Öfteren schon haben wir einen Wellnesstag geplant, gebucht oder sind auch einfach so mit Tageskarte in die Sauna gegangen. Leider fällt uns fast jedes Mal auf, dass die Leute sich nicht zu benehmen wissen. Im Übrigen gilt dies nicht nur für „ältere" Menschen, aber hauptsächlich diese trifft man dort unter Anbetracht folgender Gesichtspunkte:

## Laberlaune

Wenn gerade Aufguss ist oder war, oder ein „Honig-Salz" Aufguss ist bei dem die Menschen zwischendurch rausgehen um sich einzuschmieren, meinen die Leute, sie sind alleine im Saunabereich. Sie stehen dann außerhalb ihrer Sauna und gaggern wie die Hühner, lachen und unterhalten sich lauthals. Unglaublich. Liegt man dann als Saunierender in einer anderen Sauna hat man keine Ruhe. Meist hallt das Ganze in den Gebäuden auch noch so extrem. Abgesehen davon kommt man fast nicht durch die Traube an nackten Körpern hindurch, denn die gaggernden sich-einreibenden Menschen machen einem natürlich auch kein Platz. Ebenso wenn sie fertig sind und dann duschen gehen

## Liegen reservieren

Immer wieder ein Thema. Überall hängen Schilder „bitte keine Liegen reservieren!" Was machen die Leute? Liegen reservieren. Man kommt also aus der Sauna, sucht sich einen Platz und bekommt natürlich, wenn überhaupt, dann nur die Plätze die keiner will denn die Guten sind den ganzen Tag lang: reserviert!

## Essen

In fast jeder Sauna gibt es ein Restaurant. Oft wird es angeschrieben aber nicht immer, wobei eigentlich sollte es selbstverständlich sein das in diesem Bereich etwas anzuziehen ist! Ich finde es ehrlich gesagt total widerlich wenn ich gerade am Essen bin und neben mir quetscht sich ein nackter, haariger Arsch vorbei, so dass man noch fast die verkackte Rosette in Augenhöhe hat. Oder neben mir schaukeln die Glocken von jemand an dessen Kniekehlen herum. Ebenso wenig appetitlich finde ich es, wenn lapprige faltige Brüste von alten Damen auf dem

Tisch nebenan liegen, auf dem andere Ihre Essen abstellen. Wer weiß was vorher auf meinem Tisch lag...

*Unmöglich, Leute! Auch wenn eine Sauna nicht zum Glotzen ästhetischer Körper da ist (auch wenn leider manche nur zum spannen in die Sauna gehen) kann man doch zumindest etwas Respekt erwarten, oder? Zieht euch was über wenn ihr in den Restaurantbereich geht, auch wenn ihr nur durchlauft. Haltet euren Rand wenn ihr eure Körper während dem Saunieren einschmiert oder wenn der Aufguss fertig ist. Ruhe wird dort immer erwartet, für die anderen Gäste und wenn ihr eine Liege für den ganzen Tag wollt, dann bringt euch eure eigene von zu Hause mit! Andere Gäste zahlen auch einen stolzen Eintrittspreis und möchten dafür auch Ihren Tag genießen können.*

# IN DER POST

## <u>Verrückte Kunden</u>

Auf der Autobahn meinte natürlich so eine Dumpfbacke von Tussi, sie muss auf der linken Spur fahren, obwohl sie kaum schneller fährt als der LKW neben ihr. Aber irgendwann hat es doch einmal geklappt und ich komme auf der Post an. Schließlich dachte ich mir vor dem Losfahren, kurz vor der Arbeit noch in die Post springen und einen Brief wegschicken, das sollte möglich sein. Ich hab schließlich noch ein paar Minuten Luft.

Die Schlange in der Post war allerdings etwas demotivierend, und das lag nicht nur daran, dass deren PC abgestürzt war. Die Damen taten wirklich ihr Bestes. Die Eine bediente am Schalter und die Andere schaute, welcher von den Kunden nur Pakete abholen wollte und zog diese dann aus der Schlange raus. Dieses Drecksweihnachtsgeschäft immer um die Zeit, jedes Mal die selbe Scheiße, jeder schickt zig Briefe und Pakete, die Leute bestellen Unmengen an Zeug und es geht nicht vorwärts.

Immer wieder kamen Leute hinein. Unter Anderem eine ältere Dame, die schon wie so eine reiche Pinkeltussi aussah. Grimmiger Blick, *ohjeee warum muss ICH nur warten*, genervt obwohl sie noch nicht einmal 20 Sekunden in der Schlange stand... All das stand in ihrem faltigen Gesicht geschrieben. Dass die anderen sieben Leute die vor ihr standen schon länger warteten, war ihr wohl völlig gleichgültig.

Wie auch immer, die Dame mit der Paketbearbeitung schaute noch einmal die Reihe durch, suchte nach Paketen in den Händen. Dann sagte sie noch zu der Dame, die natürlich dachte sie wird jetzt allen anderen vorgezogen: „Ah ein Brief, nein, das macht die Kollegin.", als die Faltenlady bruddelte: „ich brauch aber auch noch Briefmarken." Aber wie. Der Ton. Unglaublich.

Aber abgesehen von dem Ton sagte sie dies mehr vor sich hin und schaute dabei in entgegen gesetzter Richtung der Bedienung, nämlich in Richtung der Menschenschlange. Und dann aber so laut, dass jeder der wartenden Leute es hören konnte. Es war ihr wohl nicht bewusst dass das die pure Blödheit war, die aus ihr herauskam und die Wartenden das nicht die Bohne interessierte. Zudem: WAS bitte macht das für einen Unterschied, ob sie noch Briefmarken braucht? Trotzdem hat sie kein Paket, trotzdem muss sie warten, trotzdem muss sie sowohl wegen ihres Briefes, als auch wegen ihrer doofen Briefmarken an den Schalter für die Briefe und bekommt keine Sonderbehandlung weil sie aussieht als wäre sie eine Puppe aus einem Horrorfilm.

Vielleicht dachte sie auch, jemand aus der Schlange bietet der Grummellady seinen Platz an, oder stimmt fröhlich… äh motzig… in das Gemoser mit ein. Lästern ist ja mittlerweile Volkshobby Nummer Eins. An jeder Kasse an der es ein technisches Problem gibt, in jeder Schlange, in der man länger als 10 Sekunden warten muss wird gemosert und gelästert. Keiner nimmt hier mal Rücksicht auf die Verkäufer, die ja meistens nichts für die Umstände können, es aber dann voll abbekommen.

War aber hier nicht der Fall, keiner wollte mit der Faltenlady maulen und ich für meinen Teil musste mir das Schmunzeln verkneifen. Ach herrje, dachte ich. Selbst ein Schlag auf den Hinterkopf hätte da nichts gebracht, außer dass die 3 cm Schicht Makeup wie eine Porzellanmaske heruntergefallen wäre.

Aber so konnte ich mir zumindest die Zeit tot schlagen bis ich dran war, denn mich hat das sehr amüsiert.

# Komische Bedienungen

## Teil 1

**Neulich auf der Post:**

„Einmal per Brief bitte."

„Versichert?"

„Nein, normal als Brief."

„Also per Eilsendung."

„NEIN, normal als Brief."

„Ok."

Nach einem sehr erwartungsvollem Blick von der Dame die Frage:

„Was noch?"

„Ich brauch die Quittung bitte."

„Aber dann kann ich Ihnen keine schöne weihnachtliche Briefmarke draufkleben."

*Hääääää? War nie die Rede von dass ich das möchte… Verstanden habe ich das Ganze ebenso wenig wie den abwertenden Blick der Dame.*

## Teil 2

Die bei dieser einen Post haben doch echt einen Schuss. Meine letzte Geschichte habt ihr gelesen? Jetzt kommt eine Neue:

Ich lege einen normalen Brief hin.

"noch etwas?"

Ich: nein

"eine Briefmarke?"

Ich: nur diesen Brief hier.

"nicht eine Ersatzmarke?"

Ich: nein

"keinen Vorrat?"

Ich: NEIN... brauche ich nicht. Habe kaum Post.

"dann muss man ja jedes Mal wegen einem Brief herumfahren..." dazu dieser leicht abwertende Blick...

*HALLOOOO? Hätte ich jetzt 10 Briefmarken kaufen sollen, falls ich nächstes Jahr noch ein Brief wegschicken muss? Der dann wieder 3 Cent mehr kostet bis dahin und ich eh kommen muss um diese extra zu kaufen?? Unmöglich Leute! Lasst doch die Leute kaufen was sie wollen! Mittlerweile meide ich diese Postfiliale.*

# IGNORANT & RESPEKTLOS

## Unterlassende Hilfe

Meine Schwester fuhr auf ihrem Fahrrad in Richtung nach Hause während es in Strömen regnete. Durch die nasse Fahrbahn verlor sie das Gleichgewicht und stürzte zu Boden. Sie lag auf dem Asphalt, das Rad über ihr, klitschnass. Keiner half. Die Leute liefen, noch nicht mal einen Meter neben ihr, vorbei und drehten den Kopf bewusst zur Seite, weg von dem Geschehen. Keiner kam auf die Idee anstandsweise zu fragen ob alles in Ordnung ist oder sie vielleicht Hilfe benötigt.

Nett...

## Mit Auto liegen geblieben

Auch mir ist es, wenn auch nur einmal, passiert, dass ich mit meinem Auto aufgrund von Spritmangel liegen blieb. Es war ungefähr 400 Meter vor der nächsten Tankstelle. Vielleicht auch ein paar Meter mehr oder weniger. Es war noch eine Brücke zu überqueren, dann durch den

Kreisel durch. Doch es hat nicht gereicht. Die Anzeige in meinem Auto ist nicht so optimal... Wie auch immer, da stand ich nun. Ich konnte mich gerade noch so weit es geht an den Seitengraben herantrauen, denn es ging den Hang hinunter..., als das Auto stehen blieb. Also Warnblinkanlage an, ausgestiegen und auf die Seite gelaufen. Etwas von der Straße weg als Schutz und jemanden angerufen. Zum Glück war mein Handy nicht leer, bei meinem Glück hätte das passieren können, hätte mir gerade noch gefehlt. Ein Auto nach dem anderen fuhr vorbei. Obwohl mich jeder Einzelne neben dem Auto sah und ebenfalls jeder sah, dass der Warnblinker an war und ich soweit es geht auf der Seite stand, gab es nur böse Gesichter, Kopfschütteln und manche waren sogar so frech und hupten, so dass ich erschrak. KEINER hat angehalten und gefragt ob ich Hilfe brauche. Kurz bevor meine Hilfe kam, bestimmt ca. eine halbe Stunde nach meinem Liegenbleiben, hielt eine Frau an und bot mir ihre Hilfe an.


*Unmöglich, Leute! Dass nicht jeder anhält und fragt ist noch irgendwie nachvollziehbar, heute geht jeder davon aus, dass jeder ein Mobiltelefon dabei hat. Aber dass die Meisten von euch noch böse schauen, hupen und noch rummaulen ist eine Frechheit. In dem Fall war es zwar meine eigene Schuld, aber wer von euch weiß das schon? Mir ist auch schon ein Auto aufgrund eines Defektes liegen geblieben, da hatte ich das gleiche Problem. Auch hier kam anstatt Hilfe nur Gemaule von euch Leuten. Wenn ihr nicht helfen wollt, dann einfach die Fresse halten und Beine still. Aber nicht noch mit jemanden rummeckern, der gerade echt andere Probleme zu bewältigen hat, und es demjenigen momentan wahrscheinlich schon unangenehm genug ist, da er an der Situation nichts ändern kann!*

## **Beim Einkaufen**

Ich stand an der Kasse an und wartete hinter dem Kassenbereich, kurz vor Ende des Kassenbandes wie es sich gehört. Warum? Um den Diskretionsabstand der Leute vor mir zu wahren, die hier mit ihren elektronischen Geldmitteln ihren Einkauf bezahlen.

Hinter mir stand ein Mann der ziemlich nervös war, er stand schon fast Körper an Körper an mir und drängelte massiv. Als ich mich aber bewusst nicht rührte verlangte er von mir weiter vorzugehen (an der Kasse), obwohl ich noch nicht an der Reihe war. Ich antwortete nur, dass ich noch nicht dran sei und dass es dann auch nicht schneller ginge wenn ich den Leuten auf die Schulter sitzen würde. Er drängelt weiter und schob mich schon fast vorwärts. Ich wiederholte mich mehrmals. Ob er es verstanden hat, bezweifele ich jedoch. Solche Menschen drängeln einen leider immer wieder. Am Schlimmsten sind jedoch die, die einem so nahe kommen, dass man sich schon richtig unwohl fühlt, da sie wirklich nur Millimeter von einem weg stehen, oder die, die einem den Wagen permanent in die Hacken fahren.

*Unmöglich, Leute! Geht's noch? Habt ihr kein bisschen Respekt vor der Privatsphäre Anderer?? Denkt ihr es geht schneller wenn ihr die Leute vorwärts schiebt? Doch auf so etwas lasse ich mich nicht ein, denn leider erlebe ich das bei mindestens 85 % meiner Einkäufe. Kein Mensch lässt Abstand wenn ich vorne die Einkäufe in meinen Wagen lade. Wenn ich dann bezahlen möchte müssen die Leute entweder einen halben Schritt zurück weil ich sonst nicht hinkomme, oder sie bleiben einfach stehen und berühren mich teilweise sogar, während ich meine Unterschrift leiste oder meinen PIN eingebe. Als Außenstehender könnte man meinen es sind Familienangehörige, so eng stehen sie bei mir, und lassen sich durch meinen provokanten Blick wenn sie press an mir stehen absolut nicht beeindrucken. Respektlos ist das! Abstand halten wo er angebracht ist tut keinem weh und der Einkauf dauert dadurch auch nicht länger.*

## Parkplätze

## Teil 1

Ich bin anfangs nicht allzu oft bei meinem Freund zu Hause gewesen. Doch wenn ich dort war, wollte ich mich natürlich auf „meinen" Parkplatz stellen. „Meinen" Parkplatz deshalb, da zu der Eigentumswohnung meines Partners eben ein Privatparkplatz vor dem Haus und ein Tiefgaragenplatz gehört. Da er natürlich in der Garage parkt, nutze ich, wenn ich denn mal vorbeikomme, den Parkplatz vor dem Haus.

Das erste Mal, als ein Auto darauf stand, war ich noch human und habe mich woanders hingestellt. Kann ja mal passieren. Als ich beim nächsten Mal kam, stand jedoch wieder ein Auto auf meinem Parkplatz. Es ärgerte mich schon etwas mehr, und ich hing einen Zettel an die Scheibe mit dem Wort „Privatparkplatz". Ich bin davon ausgegangen, dies sollte genügen. Ein Tag später ging ein Nachbar auf meinen Freund zu, der zufällig gerade durch das Treppenhaus ging und meinte, es wäre jemand aus seiner Familie gewesen der auf dem Parkplatz gestanden hat. Sie hätten schließlich ein Fest gehabt. Er hätte seinem Verwandten gesagt, da steht eh meistens niemand. Mein Freund antwortete ihm, dass wir das nicht wissen können wenn kein Mensch etwas sagt und dass man zumindest fragen könnte.

Als ich dann wieder einen Monat später angefahren kam, wurde ich stinksauer als wieder ein Auto auf dem Parkplatz stand. Da ich nicht mehr wusste, ob es das gleiche Auto wie beim letzten Mal war, hupte ich erst mehrfach, um dann wieder wo anders zu parken als niemand kam. Hatte schließlich noch Besseres zu tun nach einem langen Arbeitstag. Es kotzte mich tierisch an, denn es regnete in Strömen. Ich hing wieder ein Zettel dran, in Folie. Diesmal hat sich niemand gemeldet.

In so einem Fall müsste ich mich einfach hintendran stellen. Leider geht das nicht, da ich dann dem Haus gegenüber dem Parkplatz die Ausfahrt versperren würde. Sonst hätte ich dies längst schon gemacht. Hupen bis jemand kommt ist leider auch nicht möglich, denn das letzte Mal, als wieder so ein Fall war, kam dann ein anderer Nachbar aus einem Haus schräg gegenüber und glotzte blöd. Dann bäfferte er aus seinem sicheren Haustüreingang „das war aber etwas viel gehupt!", so dass ich es im Normalfall eigentlich nicht hören würde. Doch dank meiner guten Ohren habe ich es gehört, konnte aber nicht reagieren, denn bis ich aus dem Auto ausgestiegen war ist der mutige Mann feigerweise schon in sein Häuslein verschwunden gewesen und hatte die Tür geschlossen. (Aus dem ziemlich oft nerviges

Kindergeplärr kommt… Das nächste Mal sollte ich auch sagen „das war jetzt aber etwas viel Geplärr…")

*Unmöglich, Leute. Das Schild „Privatparkplatz" hängt da nicht ohne Grund, es war nicht im Sonderangebot und keiner wusste wo hin damit. Parkplätze können auch Privateigentum sein und dann hat niemand etwas drauf verloren. Oder wie würdet ihr das finden, wenn ich mich, wenn ihr beruflich viel unterwegs und deshalb kaum zu Hause seid, einfach bei euch in eurem Haus in euer Bett lege mit dem Argument ist ja eh kaum jemand zu Hause? Und an die anderen Leute: kommt her wenn ihr was wollt und führt ein normales Gespräch, nett und höflich dann kann man über alles reden. Aber nicht aus dem Hinterhalt irgendwas herbruddeln. Sonst stelle ich mich das nächste Mal vor Eure Garage anstatt zu hupen!*

## Teil 2

Eine Freundin und deren Tochter haben je ein Haus in einem Privatweg, in der 5 Häuser stehen. Am Anfang des Weges, an dem die „normale" Straße quer läuft, haben die Parteien ihre Garagen. Auf dieser Straße, ungefähr gegenüber der Garagen und der Einfahrt zu dem Privatweg an dessen Ende auch noch ein Parkplatz vom letzten Haus ist, befindet sich ein Kindergarten.

Ich denke, ich muss nicht weiterschreiben oder? Genau. Beim Holen und Bringen der Kinder parken alle Leute kackfrech vor den Garagen, vor der Einfahrt des Weges, und das meist sogar quer. Die Anwohner die wegen Terminen oder wegen Arbeit raus fahren müssen, werden somit behindert. Sie können weder den Privatweg, noch aus den Garagen rausfahren. Die Leute stehen aber nicht zwei oder drei Minuten. Nein es wird noch hier und dort ein Schwätzchen gehalten, so dass die Autos teilweise 10 oder gar 15 Minuten stehen.

Etwas sagen meinen Sie? Hahaha. Sagen die Anwohner was zu den (meist) Damen, passiert weder aktuell noch auf Dauer a) Nichts und b) werden sie von den Falschparkern auch noch angemotzt, es seien ja schließlich nur ein paar Minuten, sie sollen mal nicht so ein Aufstand machen.

*Unmöglich, Leute! Denkt ihr auch mal darüber nach über das was ihr da vom Stapel lasst? Das manche Leute zur Arbeit müssen oder sonstige Termine haben? Man kann ja nicht eben mal ständig 20 Minuten mehreinplanen für die Affen, die einen die Garagen zu parken und noch Schwätzchen über die Schwiegermutter oder den Dünnschiss des Kindes halten. Ihr seid zudem die ersten die maulen wenn sich jemand vor euer schickes Häuschen stellen würde oder ihr dringend zum Kinderarzt müsst und kommt nicht weg, weil irgendein*

*Idiot euch zugeparkt hat! Anstelle einer Entschuldigung und einem zügigen Verlassen der Stelle werden die armen Betroffenen noch beschimpft und beleidigt.*


## Kunden


### Ich will den Herrn/Frau XY

Ich erlebe tagtäglich, dass Kunden anrufen und wollen irgendeinen Herrn XY oder Frau XY sprechen. An für sich kein Problem, doch wenn ich frage um was es geht, die Kollegen haben normal Kundschaft und kaum Zeit fürs Telefon, werden die Leute meistens sofort pampig und geben keinerlei Auskunft. Ferner melden sich gerade diese Leute meist ohne Telefon-Nummer und nennen nicht einmal ihren Namen, diesen muss ich dann stets erfragen. Dann wiederrum kann man sich noch glücklich schätzen wenn man diesen noch genannt bekommt.


*Unmöglich, Leute. Was soll das? Ihr könnt doch nicht in einer Firma anrufen um dann einfach die Leute anzupampen und dann auch noch erwarten, dass ihr ohne Kommentar nach eurem Wunsch weitergeleitet werdet. Vielleicht geht das in ein paar Firmen weil die*

*Leute schon total genervt von solchen Menschen wie euch sind. Aber normal ist das nicht. Und mit Respekt hat das auch nichts mehr zu tun! Heutzutage kann man ja leider schon froh sein, wenn überhaupt noch ein Hallo kommt, oder man selbst beim melden aussprechen darf! Ohne Witz! Und es wird immer schlimmer.*

## Ungeduld und Sonderbehandlung

Auch normale Geschäfte, nicht nur reine Onlinegeschäfte, haben mittlerweile oft einen Shop im Internet, einen sogenannten Onlineshop, dabei. Als Service für die Kunden und um auf dem Markt mithalten zu können. Hat aber dann nichts mit dem Laden an sich zu tun, das ist eine Firma, aber in dieser Firma gibt es eben zwei Firmen. Der Laden vor Ort und der Onlineshop. *Denkt die, wir wären dumm oder warum erklärt die das als wären wir bescheuert?...* fragt sich jetzt sicher der ein oder andere. Aber bei dem was ich und viele anderen Mitarbeiter ständig auf der Arbeit mit Kundenkontakt erleben, glaubt mir, da wird man irgendwie so. Es könnte ja nicht verstanden werden wenn man es nicht so ausführlich erläutert. Manche Leute verstehen nichts von dem, was man ihnen erklärt, werden unhöflich bei dem Versuch, anstatt einen mal ausreden zu lassen und drehen einem dann noch das Wort im Mund um.

Ein anderes, typisches Bespiel, welches fast täglich vorkommt: Kunde hat bei uns Ware bestellt, aber im Onlineshop. *Gestern*. Wahrscheinlich von diversen Online-Sonderservices verwöhnt, ruft er wutentbrannt bei uns *heute* an und beschwert sich darüber, dass die Ware noch nicht da ist. Von den angegebenen Lieferzeiten, Hinweisen und AGBs möchte er natürlich nichts wissen und beschimpft uns als Betrüger, wenn wir darauf höflich hinweisen.

Oder: Kunde möchte auf Rechnung kaufen, egal ob im Laden oder im Onlineshop. Ich erkläre ihm mehrfach dass dies nicht geht, Ware geht erst raus wenn die Kohle da ist. Vorauskasse ist heute keine Seltenheit, eher üblich. Doch anstatt diese Information als Tatsache hinzunehmen, wird Ewigkeiten herum diskutiert von wegen *das gibt es doch nicht, kann doch nicht sein, scheiß Service*. Was er wohl bei diversen großen reinen Onlineshops als Antwort bekäme? Ist es nicht normal heutzutage? Aber ist ein Mitarbeiter nett am Telefon, kann man als Kunde ja mal Zirkus machen und die Leute belästigen und nerven.

Auch interessant: Trotz dass es eindeutig hinterlegt ist, dass bei Bestellungen im Onlineshop die Ware nur bis an die Bordsteinkante geliefert wird, wie bei vielen Geschäften, bestellt eine Kundin Ware. Warum? Um sich dann telefonisch zu beschweren, dass der Fahrer ihr diese nicht in den 8. Stock trägt. Auf mehrfachen

Versuch ihr klar zu machen, dass dies zu den Geschäftsbedingungen gehört und auch vor der Bestellung klar ausgewiesen ist, droht sie mit Anwalt, wird patzig, äh nein, ist sie ja permanent, und will die ganze Firma überall schlecht machen. Naja, soll sie halt.

Oder wie ist das: Ein Kunde ist entsetzt darüber, dass er zum Beantragen einer Kundenkarte, für die eine Unterschrift benötigt wird sowie diverse Dokumente, im Laden vorbeikommen muss. Ebenso entsetzt ist er, dass er bei einer Sonderbestellung bei der wir sie Ware nicht an den Hersteller zurückgeben können, ebenfalls vorbeikommen muss zwecks Unterschrift und Anzahlung. Die Leute fragen dann auch noch allen Ernstes, wie ich mir das vorstelle, sie haben schließlich 15 km Fahrt zu uns.

*Unmöglich, Leute! 1. Jede Firma hat ihre Vorschriften, ihre Abläufe. Akzeptiert es oder geht wo anders einkaufen. Glaubt ihr allen Ernstes, wir haben nur auf Euch gewartet, um nur wegen Euch eine Ausnahme zu machen und alle Prozesse über den Haufen zu werfen? 2. Ich habe mehr km täglich zu meinem Arbeitsplatz zu fahren. Zudem: Bestellt ihr zum Beispiel Euer Auto auch telefonisch ohne Unterschrift und Anzahlung? Ob 100 Euro oder 10.000. Auch Firmen brauchen Ihre Sicherheit.*

## Frech

In der Hochsaison rufen ja alle Kunden lieber an als einfach in den zu Laden kommen. Die Mitarbeiter haben fünf Kunden vor sich und ununterbrochen klingelt das Telefon. Das Büro nimmt so viele Telefonate ab wie möglich, stellt sogar zusätzliches Personal deshalb ein. Es lässt sich aber nicht vermeiden, dass der ein oder andere Kunde mal etwas warten muss bis er durchkommt. Kann ja auch kein Mensch was für, wenn plötzlich 30 Leute zeitgleich anrufen.

Trotz diverser Hinweise in der Warteschleifenmusik, um den Kunden möglicherweise vorab schon helfen zu können (z.B. dass auch auf der Homepage viel selbst herausgefunden werden kann, oder die Kunden gerne vorbeikommen können), warten sie lieber am Telefon und steigern sich pro Sekunde in eine wahnsinnige Wut hinein. Kann ich dann endlich das Telefon abnehmen höre ich NICHT: „Einen schönen guten Tag" oder „Schön, dass ich jemand erreiche, das freut mich" oder „Hallo, mein Name ist …." …NEEEEIIIN. Ich höre Sätze wie: „Unverschämt! Ich war jetzt 5 Minuten in der Warteschleife!", „Die Musik ist viel zu laut, stellen Sie diese sooofort leiser oder ich beschwere mich über Sie!", oder „Inzwischen hab ich den Papst angerufen und den erreicht!", wie auch „Habt ihr nur einen Mitarbeiter im Laden oder warum dauert das so lange?", usw.

Lieber Kunde! Wir sitzen den ganzen Tag nur da und bohren in der Nase, warten darauf, dass SIE anrufen, und lassen sie bewusst warten und lachen sie währenddessen aus. Geht's noch, *oder was*?? Schiebt euren faulen Arsch in den Laden und nutzt nicht die kostenlose Telefoniererei, um den Kunden die in den Laden kommen noch die Mitarbeiter vorzuenthalten. Wollt ihr, wenn ihr im Laden steht, dass die Mitarbeiter euch stehen lassen weil ununterbrochen das Telefon klingelt? Sicher nicht, oder? Früher ist jeder auch in den Laden gefahren und wenn es 40 km waren. Da gab es kein vorher anrufen wegen (meistens) nur Lappalien, da gab es auch keine Onlineshops. Da hat es auch funktioniert und die Kunden waren weit aus entspannter, zumindest höflicher.


## Anstrengend

Es ist oft sehr anstrengend. Oder einfach schockierend, wenn leicht, wie soll ich sagen, weniger intelligente Menschen, die (am Telefon!) fragen: „Moment, ich notiere mir die Nummer, haben Sie mal einen Kulli?" Oder: „Gibt es bei Ihnen auch Holz?" „Was für ein Holz?" „Das normale!" Oder: „Ich habe gestern eine Platte bei Ihnen gekauft, wie groß war die denn?" (die Platten gibt es in den verschiedensten Größen...) Jaaa junger Mann, bringen Sie die einmal ans Telefon, ich messe mal nach...

Auch super: „Ich möchte den Mitarbeiter der gestern am PC gesessen war, Name weiß ich nicht." (Es gibt mindestens zehn PCs in der Firma und fünfmal so viele Mitarbeiter...) Weiteres Beispiel: Der Kunde sagt "Moment, ich such was zu schreiben..." und sagt mir nicht, dass er wieder zurück ist. Er irgendwann nach langer Pause: "Sind sie noch dran?" Auch interessant, der Anrufer ohne Name fragte „Ist mein Fax gestern angekommen?"

*Ich höre jetzt auf Beispiele zu benennen, ich rolle fast vor Lachen vom Stuhl. So kann ich nicht arbeiten, Schluss mit dem Thema.*

## Zeitverschwendung

Die Kunden können einfach nicht verstehen, dass es in Firmen, besonders in großen Firmen, Prozesse und Regeln gibt. Ein kleines Beispiel hierzu:

Der Kunde ruft, denn er ist faul und es kostet nichts, erst einmal im Laden an und fragt ob sein gewünschtes Produkt überhaupt da ist. Er möchte schließlich nicht umsonst kommen. Soweit, so gut. Wir bestätigen ihm dies, doch dem Kunden reicht das nicht. Kunde möchte, dass das Produkt *mal eben schnell* auf die Seite gelegt wird. Das ist allerdings nicht möglich. Entweder wir lagern ihm das Produkt ein, was etwas Vorlaufzeit benötigt, oder er kommt so vorbei. Kunde will aber gleich kommen, vor der angegebenen Vorlaufzeit die wir benötigen, und erwartet, dass wir das Produkt mit einem Zettel versehen und auf die Seite stellen.

Das Diskussionskarussell beginnt.

Der Kunde bekommt höflicherweise erklärt, dass es für diese Prozesse Personal gibt, dass wir einen Lagerplatz zuteilen müssen, das an dem Tresen oder an der Kasse nicht unendlich Platz gibt, dass unsere Systembestände nicht stimmen wenn wir uns nicht an den Prozess halten, dass andere Kunden falsche Aussagen bekämen wenn wir seinem Wunsch nachkommen würden, der Zettel runterfallen könnte, usw. Weiter geht es vom Kunden mit *wegen der halben Stunde, oder ist doch nur klein, nimmt doch kein Platz weg, das kann doch kein Problem sein, er muss sonst vielleicht 10 km umsonst fahren, was ist denn dass für ein scheiß Service* usw. Weitere Erklärungen folgen. Zum Beispiel, dass es auch noch 50 oder gar 100 Kunden täglich mehr gibt, die das Gleiche fordern. Wenn sie sich das vorzustellen würden, wäre der halbe Laden voll mit Zetteln, die Kasse voll mit Produkten, die Regale leer und im System würde auch nichts mehr stimmen. Zudem hätten die Mitarbeiter statt die Kunden zu bedienen keine Zeit mehr für diese, da sie nur damit beschäftigt wären, telefonisch die

Aufgaben entgegen zu nehmen, Zettel zu schreiben und Ware hin und her zu tragen. Nicht gut!

Kein Verständnis von dem Kunden. Bis wir ihm dann klar machen, dass es kein Wert hat dieses Gespräch fortzuführen, ist inzwischen so viel Zeit vergangen, dass der Kunde längst im Laden stehen würde und seine Ware schon hätte. Abgesehen davon konnte ich in dieser Zeit mindestens zwei oder gar drei Kunden NICHT bedienen, die natürlich wutentbrannt davongelaufen sind, oder mich danach anzicken, weil sie so lange warten mussten während ich seelenruhig telefonierte...!

*Ich muss kurz Schreibpause machen. Muss mal kurz im Aldi anrufen und meine Einkaufsliste telefonisch durchgeben. Melde mich aber natürlich ohne Namen und verlange sofort die Kassiererin, denn ich teile dieser dann mit, dass Ich dann in 15 Minuten da bin... Und wehe, ich kann nicht auf Rechnung bezahlen. Dann möchte ich die Marktleitung sprechen.*

## Zack-Zack

Was mir auch passiert ist, dass eine Kundin einfach mal fragte, ob die Kassierer die Ware nicht schnell raus auf den Parkplatz ans Auto bringen könnten. Warum auch nicht, schließlich hatte die Dame es eilig. Geht's eigentlich noch?

Das war bevor eine andere Dame anrief, kurz vor Feierabend wohlgemerkt, die mir mitteilte, dass sie in 10 Minuten da sei, um ihre Reservierung abzuholen. Aber sie möchte es sich erst einmal nur anschauen, abholen möchte sie es dann erst am nächsten Tag. Die Ware soll dann schon aus dem Lager geholt, und der Karton gefälligst schon geöffnet sein wenn sie kommt, dass dies dann auch Zack-Zack geht.

*Klar, Fräulein Hochwohlgeboren. Wir rollen noch den roten Teppich aus, lassen alle anderen Kunden stehen und küssen Ihnen noch den Arsch. Noch ein Stück Brot dazu?*

Doch das ist längst nicht alles, das war nur ein Hauch von Beispielen. Eine Nadel im Heuhaufen. Was die Leute heutzutage erwarten von Firmen, von Mitarbeitern, von Verkaufsgeschäften, das geht auf keine Kuhhaut. Frech, unverschämt und ohne Respekt. Es denkt doch jeder, er ist der einzige Kunde auf der Welt. Dass es noch Tausende andere gibt, die ebenfalls das Gleiche denken, auf die Idee kommen die schlauen Menschen nicht. Geduld, Respekt und Anstand sterben langsam aus.

## **Kollegen**

Nicht nur Kunden, sondern auch Kollegen (ich meine mit Kollegen = Kollegen und Kolleginnen, damit wir niemandem auf die Füße treten) haben null Anstand.

Nehmen wir als Beispiel die Küche. Wir bekommen eine Kaffeemaschine, sowie Tee und auch einen Kühlschrank zur Verfügung gestellt. Das ist nicht selbstverständlich heutzutage. Aber es ist scheinbar für manche selbstverständlich, denn es gibt immer wieder  welche die meinen rummaulen zu müssen, dass es nicht noch Wasser umsonst gibt. Diese haben dann auch meistens keinerlei Respekt vor den Reinigungskräften, die auch unsere Kollegen sind.

Es gibt Schubladen, in die das dreckige Geschirr in entsprechende Geschirrkörbe gestellt wird, die dann später in die Spülmaschine kommen. Wer einen Schritt weiterdenkt, bzw. in der Lage dazu ist, macht seinen Müll, wie z.B. Teebeutel, benutzte Taschentücher oder Plastiklöffel (wenn man diese schon unbedingt benutzen muss obwohl es spülbares Geschirr gibt) in den Mülleimer! Aber nein, gut die Hälfte der Belegschaft ist dazu wohl nicht in der Lage und lässt alles schön in den Tassen, stopft, wenn es geht, noch mehr Müll hinein und lässt auch die ganzen Essensreste auf den Tellern. Am besten sind die benutzten Kaugummis, die ganz unten drin kleben.

Den Leuten ist nicht klar, dass die armen Reinigungskräfte mit ihren Fingern da drin rumpopeln und das alles herausholen müssen. Null Anstand! Alles egal. Nur die Hand aufhalten und fordern, ist die Denkweise vieler.

Das nächste Beispiel, die Toiletten, ist leider noch weniger appetitlich. Oder ist es etwa ansprechend, wenn die Klobrillen ständig verpisst, die Klos an sich verschissen und die Wände voll mit Nasenpopeln verschmiert sind? In einer Firma, in der nur ERWACHSENE MENSCHEN arbeiten? Bäh!

*Unmöglich Leute! Daheim scheißt ihr sicher jeden an, der einen Krümel auf euren Boden fallen lässt und wo anders ist es euch scheißegal wie asozial ihr euch benehmt. Null Respekt vor den Kollegen.*

# <u>(ehemalige) Freunde</u>

## Bild

Ein Freund verirrte sich in meinem Schlafzimmer als er auf dem Weg zur Toilette war, und blieb an meinem Nacktfoto hängen. An sich nichts Schlimmes, man sieht nur die obere Körperhälfte und der Typ ist (Hobby) Fotograf und wir haben selbst schon Bilder gemacht. Das Bild war allerdings nicht von ihm, und auch die Bearbeitung hat nicht er gemacht, somit war das wieder eine Möglichkeit für einen Ideenklau, was der Gute schon des Öfteren gemacht hatte. Auch diverse andere Aktionen des Herren belasteten zu dem Zeitpunkt die Freundschaft zumindest für meine Seite schon etwas.

Der Freund fotografierte das Bild ungefragt ab. Ich sah dies vom Wohnzimmer aus durch Zufall, denn die Wohnung war entsprechend aufgeteilt. Ich rief ihm rüber ob er eigentlich noch ganz sauber sei und was das soll, heimlich Bilder ungefragt zu fotografieren. Doch anstatt einer Reaktion drückte er eine Weile was an seinem Handy herum, und ging dann gemütlich weiter ins Bad ohne ein Wort zu sagen.

Als er wieder kam erhielt er noch mal eine Standpauke, sowie die Aufforderung, das Bild sofort zu löschen. Da hielt er mir schon das Handy hin mit der Aussage, er habe ja nur die schöne Decke fotografiert und zeigte mir ein Bild von der Decke… des Wohnzimmers!

Wenn ich etwas hasse, dann, wenn jemand mich belügt. Ein „sorry, kein Thema, lösch ich wieder", und die Sache wäre vom Tisch gewesen. Aber mich belügen nur um meine Ideen zu klauen und nicht zugeben zu müssen, dass er etwas getan hatte was scheiße war, so was geht gar nicht. Dies schrieb ich ihm auch noch mal ausführlich als ich eine Nacht über die Sache geschlafen hatte.

Doch alles was als Antwort kam war:

Ja ihr seht richtig, das ist kein Fehler. Nichts. Es kam keinerlei Antwort. Ebenso keine Entschuldigung, keine Rechtfertigung, einfach gar Nichts. Ab diesem Zeitpunkt war er nicht mehr bei mir gewesen.

# Fleißiges Lieschen

Ich habe mir monatelang fast täglich das dumme Gelaber von einer Freundin angehört. Immer dieses Getratsche, immer dieses Geläster über irgendjemand, immer dieser Klatsch und Tratsch über Leute und Angelegenheiten, dich mich einen Scheiß interessieren.

Es kam der Tag, da benötige ich einmal ihre Hilfe. Ich bitte die Gute also, an meinem Geburtstag als sie mich anruft, aber nicht um mir zu gratulieren, um Hilfe. Ich fragte, ob sie nicht zumindest mal 1 Stunde diese Woche helfen könnte, ein paar Sachen einzupacken da ich kurz vorm Umzug stand und einfach nicht vorwärts kam. In der darauf folgenden halben Stunde erzählte sie mir, warum sie nur an einem Tag Zeit hätte, da aber auch wieder nicht, da ihr ein Fingernagel abgebrochen sei, und die Nageltante nur an dem Tag noch einen Termin frei hätte. Ohne Blödsinn, das ist kein Witz. Die gute Freundin konnte mir in meiner Not nicht helfen, weil ihr falscher Nagel abgebrochen war. Abgesehen davon, dass sie immer jammert kein Geld zu haben, geht die Gute nur 2x die Woche einen halben Tag arbeiten, denn das restliche Geld verdient ihr Mann im Schichtbetrieb. Sie sitzt fast ununterbrochen am PC in der Online-Fressensammlung und schimpft über irgendwelche Leute und spioniert bestmöglich herum. Kinder hat sie keine, dafür 2 große Hunde. (War ja auch nicht ihre Entscheidung diese anzuschaffen...) Aber sie hat immer so viel zu tun und keine Zeit, denn sie hat ja schließlich einen Job und einen Haushalt. Als sie mal eine Woche lang als Urlaubsvertretung arbeiten musste, war das Geheul natürlich noch schlimmer als sonst, es war gar unerträglich. Hallo? Andere müssen täglich den ganzen Tag arbeiten, und haben ebenso einen Haushalt, und nicht jeder davon einen Partner der einen unterstützt, und viele auch noch Kinder.

Letztendlich trennte ich mich irgendwann von der Person, aus meiner Sicht noch im Guten, weil es einfach nicht harmonierte. Der ausschlaggebende Punkt war folgender: Ich saß nach dem Umzug, bei dem ich kaum Hilfe hatte, nach einem Nervenzusammenbruch heulend zu Hause. Da kam von ihr eine Nachricht, in der sie mir nur Vorwürfe machte wie böse ich doch sei. Denn die Gute war im Krankenhaus wegen irgendeinem Ausschlag, und ich besaß die Frechheit, nicht einmal nach ihrem Befinden zu fragen. Nach noch weiteren Vorwürfen was ich böse Person denn noch alles so falsch machen würde und an mir alles so schlecht sei, war es für mich die beste Lösung, mich von dieser Freundschaft zu trennen. Denn in dieser gab es eigentlich keine gegenseitige Unterstützung, sondern nur Gelaber, Gemaule und sinnlose Zeitverschwendung am Telefon mit Themen die mich nicht interessieren.

Monate später schrieb sie mich an, entschuldigte sich sogar halbwegs und heuchelte Interesse an der

Freundschaft. Mit etwas Abstand bot ich ihr an, dass wir gerne ab und an mal wieder miteinander schreiben könnten und dann schauen wie es sich entwickeln würde. Schließlich hat jeder doch eine 2. Chance verdient, dachte ich.

Doch schon wenige Tage nach dem Angebot bekam ich schon wieder Vorwürfe gemacht, weil ich eine Person im Aso..äh sozialen Netzwerk als Freund drin habe, mit dem sie sich nicht versteht. Abgesehen davon dass ich mich gestalkt fühlte, fand ich dieses Verhalten absoluter Kindergarten (War im Übrigen nicht das erste Mal, dass mir so etwas zum Vorwurf gemacht wurde. Und ich habe nicht allzu viele Menschen im Fressenbuch und ich sitze auch nicht tagtäglich stundenlang online und spioniere anderen Leuten hinterer oder schaue wer sich mit wem nicht versteht).

Als sie mir kurze Zeit später auch noch einen potentiellen Käufer vergraulte, weil sie einen dummen Kommentar unter ein von mir angebotenes Produkt setzte, von wegen das sei viel zu teuer (ohne Hintergrundwissen über Herkunft, Material etc.) hat es mir dann endgültig gereicht. 2. Chance nicht genutzt. Kommentarlos aus meinem Leben gestrichen. Irgendwann ist halt auch mal gut.

*Unmöglich, Leute! Auch in einer Freundschaft hat man doch die Privatsphäre der anderen zu respektieren! Abgesehen davon geht Lügen mal gar nicht. Sich gegenseitig helfen sollte selbstverständlich sein. Das es nicht immer geht ist völlig in Ordnung. Aber Gründe zu nennen bei denen man eigentlich mit etwas Grips selbst drauf kommen sollte, dass das eher zu Streit führt, ist nicht sehr helle.*

# VERKAUFEN

Dieses Wort löst in mir wahre Aggressionen aus. Warum? Wegen den unmöglichen Leuten heutzutage.

## Administratorin Fundgrube Stadt XY

Über Fressenbuch gibt es viele schöne Flohmarktgruppen im Umkreis, bei denen jedermann Sachen zum Verkaufen anbieten kann. Schade ist nur, wenn die Administratorin dieser Gruppe zu dumm zum Lesen ist und dann behaupten, ich wohne nicht nah genug an der betreffenden Stadt laut der in den Gruppenregeln angegebenen km. Statt mich einfach meine Sachen posten zu lassen, muss ich dann mit der Dame schriftlich herum diskutieren. Sie schreibt in einem „herablassenden, sich lustig machenden Ton" und ich muss ihr erklären wo genau ich wohne, dass die km sehr wohl passen und ich zudem noch Verwandte genau in dieser Stadt habe etc. Doch auch wenn ich sie alleine durch Argumente hätte überzeugen können, habe ich angekündigt, die Gruppe zu verlassen, wofür sie sich noch bedankte statt mal ihren Fehler einzusehen und sich zu entschuldigen.

Bei einer solchen Gruppe ist man normal doch um jedes Mitglied froh. Aber okey, mit solchen Administratoren möchte ich gar nicht weiter Sachen dort posten. Denn wer nicht lesen kann und gleich meint etwas Besseres zu sein und zu maulen, kann nicht viel Hirn haben.

Doch nicht nur hier sind unschlaue Menschen am Start. Denn als ich mich, um mich zu amüsieren, ebenso in der Fressensammlung bei meinen Bekannten darüber auslieẞ, geschah Folgendes:

Eine sich darüber lustig machende Unterhaltung mit einem Freund entstand, als sich eine Bekannte dazu mischte. Sie kam mit der Frage, was das mit Verwandten in der Stadt zu tun habe. Ich war etwas baff, denn das liegt ja eigentlich auf der Hand. Ich habe versucht ihr zu erklären, dass ich diesen Verwandten, wenn ich sie besuchen könnte, die Verkaufsware bringen kann und der Käufer sie dort holen könnte. Somit würde kein Fahrweg für die Kunden entstehen. Oder eben die Verwandten dies bei mir mitnehmen... (aber das versteht sich ja von selbst, dass es auch diese Möglichkeit gibt). Schade, sie hat es wohl nicht verstanden. Denn mehr als dass es mehr als kompliziert klingt kam dann nicht mehr von ihr. Hat wohl jeder eine andere Meinung oder ein anderes Verständnis.

# Homeservice

Eine Dame möchte einen Artikel von mir kaufen den ich angeboten hatte. Da ich sehr nett bin, und die Dame quasi auf meinem Heimweg wohnte, habe ich den nach Hause-Bring-Service angeboten. Ich musste dann zwar durch die Orte fahren anstatt über Autobahn, aber mal kann man das ja machen, dachte ich. Frech war jedoch, dass die Dame einfach nicht da war als ich klingelte. SUPER. Abends schrieb sie mich an, von wegen Notfall und blablabla. Warum ich blablabla schreibe? Weil ich mittlerweile wenig glaube. Damals dachte ich noch, ok, wenn dies wirklich so war kann sie ja nichts dazu und Nummern hatten wir nicht ausgetauscht. Ich war so nett und brachte es einen Tag später erneut. Zum Glück hatte die Übergabe dann geklappt. Zum Glück weil sie mir sagte, fast hätte sie wieder kurzfristig weggemusst. Aber noch mal würde ich so etwas nicht mehr anbieten.

# Pause verschenkt und Stalkerei

Im Rahmen des Ausmistens habe ich beschlossen mich von meinem kleinen Flachbild TV zu trennen, der selten benutzt im Schlafzimmer hing. Voll in Schuss, wohlgemerkt. Inserierte ihn ebenfalls in die Aso..äh sozialen Netzwerkgruppen. Ein guter Preis und schon hatte ich mehrfache Anfragen. Die erste Dame bekam natürlich die Zusage und wir vereinbarten einen Treffpunkt auf dem Parkplatz der Firma, in der ich arbeitete. Ja, ich bin so nett und komme den Leuten entgegen. Normalerweise hätte ich sie zu mir kommen lassen sollen, aber ich bin eben so freundlich gewesen, denn die Dame wohnt in einem meiner Firma naheliegenden Ort. Da in der Mittagspause um 13 Uhr der Dame jedoch zu spät war, bat sie mich um ein Treffen um 10 Uhr. Ich sagte zu.

Somit musste ich mich von einem Teil meiner Pause trennen und diese um 10 Uhr antreten. Ich stand an dem vereinbarten Treffpunkt. Ich wartete, doch niemand kam. Nach 10 Minuten ging ich wieder in die Firma, stempelte ein, und hatte somit ein Viertel meiner Pause an dem Tag schon weg. Loggte mich schnell noch mal im Fressensammlung ein, und siehe da, kurz vor 10 Uhr kam eine Nachricht von der Dame, es würde halb 11 werden. Habe mich geärgert, aber zugesichert eben dann noch mal an den Treffpunkt zu kommen.

Es war halb 11, ich ging wieder an den vereinbarten Platz, und wartete. Richtig. Es kam niemand. Dieses Mal hatte ich jedoch mein Telefon mitgenommen. Nach 5 Minuten loggte ich mich nochmals ein und las die Nachricht. Sie schafft es nicht, hätte mich nicht erreichen können telefonisch. Dummerweise hatte ich einen Zahlendreher in meiner Handynummer angegeben somit konnte sie mich nicht erreichen. Das ist der einzige Fehler den ich mir eingestehe, was jedoch nichts mit dem permanenten Versetzen zu tun hat, denn es waren schließlich Uhrzeiten vereinbart gewesen! Sie wollte nun doch um 13 Uhr kommen. (Plötzlich geht es!?!)

13 Uhr, neuer Versuch, und es klappte sogar. Komische Leute meiner Ansicht nach. Sahen zwar sehr gepflegt aus, jedoch hatte ich ein ganz komisches Gefühl. Die beiden Damen luden das Gerät in den Kofferraum, bzw. ließen es von mir einladen. Ich wies darauf hin, den TV zumindest in eine Decke zu hüllen, und am besten so zu verladen, dass er nicht herumrutschen kann. „Das geht schon.", war die Aussage. Ob da nicht noch was kommt, dachte ich mir.

Abends ging ich zum Glück nicht an die unbekannte Rufnummer, die dann anrief. Um es abzukürzen: Mir wurde per Nachricht im Fressenbuch und per SMS unterstellt, der TV würde nicht wirklich funktionieren, obwohl ich ihn noch getestet hatte. Gefordert wurde der halbe Kaufpreis zurück, auf den Vorwurf dass meine ganze Pausenzeit für sie drauf ging, kam die Ausrede mit meiner Telefonnummer, was damit ja nichts zu tun hatte, dass ich versetzt wurde. Als ich eine Rückzahlung verweigerte, da die Damen den TV im Auto nicht gesichert hatten und dieser dann wohl während der

Fahrt im Auto hin und her gerutscht ist, wurde ich beschimpft und beleidigt. Nachdem ich sie online blockieren musste, beleidigten sie mich auch per SMS.

Und dies war wirklich nur die Kurzfassung der Story!


## Stuhlverkauf


Wir hatten ein paar schöne Lederoptik Stühle zu verkaufen, neuwertig, zusammen mit einem schönen Tisch. Natürlich kann das Set nicht zusammen verkauft werden, war nicht anderes zu erwarten. Mehrere Anfragen über den Kauf nur der Stühle trudelten ein. Wir entschieden uns dem zu zustimmen, wir benötigen schließlich dringend den Platz. Nach der schwierigen Terminfindung (manche denken anscheinend, dass die meisten Leute NICHT arbeiten gehen…) hatte meine bessere Hälfte die Stühle auf Hochglanz poliert und zu recht gestellt. An seinem Geburtstag, wohlgemerkt. Wie nicht anders zu erwarten, kam in der vereinbarten Stunde, zwischen 19 und 20 Uhr, niemand. Ich hatte in weiser Voraussicht bereits die anderen Stühle schon aus der anderen Wohnung geholt, damit wir nicht ohne da sitzen würden. Nach 20 Uhr ging ich dann noch mal in die Fressensammlung und sah die Nachricht. Die Dame schafft es nicht rechtzeitig, ob es am nächsten Tag am

Nachmittag ginge. Mein Freund platzte vor Zorn und die Wohnung stand nun voll mit Stühlen.

Davon abgesehen, dass ich extra sagte dass es diese Woche grundsätzlich frühestens ab 18:30 Uhr möglich sei die Stühle zu holen, kam dann auch nicht mal mehr Antwort auf meine Bitte, sie noch an diesem Tag zu holen. Auch gerne um eine sehr späte Uhrzeit aber Hauptsache noch an dem Tag.

*Unmöglich, Leute. Heute gehen alle leider davon aus, jeder sitzt ununterbrochen mit seinem Handy im Aso..äh sozialen Netzwerk mit einer entsprechenden App. LEUTE!!! Es ist nicht so! Es gibt auch noch Fressensammlung-unsüchtige Menschen mit Job!*

## <u>Waschmaschine</u>

Erst war abgesprochen, dass ein Familienmitglied die Waschmaschine bei sich einlagert für ein anderes Familienmitglied. Drei Wochen vor Umzug kam dann die Entscheidungsmitteilung, dass dies wohl doch nicht so gehe wie geplant. Sehe ich ein, schade ist nur, dass dies so kurzfristig vor meinem Umzug entschieden wurde.

Aber nichts desto trotz musste die Maschine weg. Der Inserierzirkus ging los. Ohne Internet zu Hause gestaltete sich das Ganze schwierig. Aber mit etwas Unterstützung meiner Schwester ging es doch noch gut, es fand sich eine Käuferin.

Dachtet ihr? Ich auch. Ein paar Tage bevor die Herrschaften kommen wollten um die Maschine holen, (es war mittlerweile 1,5 Wochen vor meinem Umzug) bekam ich, nachdem (!) ich nach Uhrzeit etc. fragte, die Info, dass die Leute bereits eine Waschmaschine haben. Sie hätten diese von Verwandten kurzfristig geschenkt bekommen. Aber das eine Regal, das nehmen sie auf jeden Fall. Sehr schön, dachte ich, immerhin… (Ironisch gemeint) und der Zirkus ging von vorne los. Mit viel Glück, viel Mühe und vielen Aushängen sowie weiter inserieren fand ich letztendlich doch noch eine Käuferin, die die Waschmaschine einen Tag vor meinem Umzug abholte.

Mittlerweile bin ich schon lange umgezogen und warte noch immer auf die Abholung des Regals, welches ich natürlich dann mitnehmen musste…

*Unmöglich, Leute. Ohne weitere Worte.*

# Wurstbox verschicken

Eine Wurstbox von Tupper die ist teuer, eine Wurstbox die ist groß. Dennoch inserierte ich das gute Stück fast unbenutzt für läppische 5 Euro. Wieder aus einer Fressensammlunggruppe meldete sich ein junger Mann, der diese Box haben wollte. Nach einigem Hin- und Herschreiben bat er mich, den Preis für Versand zu ermitteln. Die Sachen zu verschicken hatte ich zwar nicht vor, stand schließlich auch überall „nur Abholung" dabei, aber ich bin ja nett (Wie ihr mittlerweile wisst). Ich maß das Teil, suchte einen Karton in den die Box hineinpasste und ermittelte die Versandkosten. Als ich dem jungen Mann den Preis mitteilte kam nur noch die allseits berühmte Frage „Ist die Box auch 100 % in Ordnung?" Wie schon in der Beschreibung ausführlich beschrieben, und auf dem Bild erkennbar, erklärte ich erneut dass das gute Teil 2x benutzt war und wie neu ist, aber eben ein gebrauchter Artikel ist und daher auch nur 5 Euro kostet. (was für das Teil wirklich sehr günstig war!) Ebenso erklärte ich, dass ich es sagen würde wenn etwas kaputt wäre und ich es eben auf Grund von meiner Haushaltsauflösung aus Platzgründen verkaufe.

Ich hörte nichts mehr von dem Mann.

In diesem Fall ließ ich es mir jedoch nicht nehmen, nach 2 Tagen eine gepfefferte Nachricht zu schreiben. Denn es ist schon dreist, so ein Trara zu veranstalten wegen einem Teil von 5 Euro, das locker mal das Vierfache wert ist. Sich noch schön den Versand ermitteln zu lassen, der eigentlich nicht angeboten war und sich dann noch nicht einmal zu melden. Selbst eine Absage wäre besser gewesen als einfach gar nichts mehr zu schreiben. Leider kein Einzelfall. Dies hier war nur ein Beispiel.

## Ikea Regale

Regale von Ikea sind sehr beliebt. Zumindest die kleinen Würfel. Dies merkte ich sofort nach dem ich sie für weniger als die Hälfte ihres Neupreises inserierte. Ich wurde regelrecht zu bombardiert mit Anfragen. Aber es waren teilweise so freche Anfragen dabei, die ich unbedingt erzählen muss.

Abgesehen davon, dass die Regale eh schon sehr günstig waren, (10 Euro waren wirklich nicht zu viel, ich hatte damals 25 Euro bezahlt) wollte doch tatsächlich jemand 20 Euro für 4 Stück bezahlen. Das jemand nach einem Rabatt fragt ist ja die eine Sache, obwohl Festpreis dabei stand. Jeder will noch mehr sparen, ist noch irgendwo nachvollziehbar, aber dann noch mal nur die Hälfte zahlen wollen fand ich dann schon sehr dreist.

Ähnlich unverschämt eine andere Anfrage, hier hätte ich zwar den Preis bekommen, derjenige wollte aber dass ich die Regale verschicke und den Versand selbst übernehme. Regale!! Als ob man die mal eben in einen Umschlag für 2,40 Euro stecken könnte.

*JA KLAR LEUTE. Die, die jetzt nicht verstehen warum ich hier nicht weiß ob ich mich aufregen oder kaputtlachen soll, sollten ernsthaft mal ihre Intelligenz in Frage stellen!*

Eine andere wollte die Regale, sich aber in der Mitte treffen, denn die Gute wohnt von mir 80 km weit weg. Zur Erläuterung, ich hatte in der Anzeige auch noch Kleinkram zum verkaufen und angeboten, sich eventuell dort (in der eben besagten „Mitte") zur Übergabe zu treffen, da ich ab und an dort bin Verwandtschaft besuchen. Dies gilt aber nicht für große Regale, die ich nicht in mein Auto bekomme. Dachte eigentlich, auf Grund meiner Erläuterung („wenn Artikel nicht zu groß", sowie das Wort „eventuell") wäre das einleuchtend. Wohl nicht. Als ich dies verneinte teilte ich ihr netterweise mit, da sie in unmittelbarer Nähe ein Ikea hatte, sich am besten die Regale neu kaufen sollte. Mittlerweile sind sie ja auch günstiger. Zumindest gibt sie da genauso viel Geld aus wie das Spritgeld, dass sie einem Bekannten geben müsste um die Regale bei mir abzuholen.

# Kratzbaum

Billige Teile aus Pappe für ein Haufen Geld, das sind die Kratzbäume aus der Massenproduktion. Doch wirkliche Naturkratzbäume, Handarbeit und mit Liebe gemacht für einen angemessenen Preis, das ist etwas was die Leute suchen. Dachten wir. Nachdem wir viele Komplimente für unseren gebauten Baum bekamen, entschieden wir uns, weitere zwei richtig tolle Kratzbäume zu bauen.

Nach einigen Wochen und vielen Stunden schweißtreibender Arbeit waren sie fertig. Doch wir lagen falsch, denn die Leute geben lieber viel Geld für Pappe aus, wie viel bzw. angemessenes Geld für Qualität und Einzelstücke. Wir gingen wirklich sehr weit runter vom ursprünglich errechneten Betrag, aber die Leute schrieben uns nicht an zum Kaufen, sondern zum maulen über den Preis. Die lächerlichsten Preisangebote, ein Drittel von dem angebotenen Preis, erreichten uns. Diese Beträge hätten gerade einmal ausgereicht, um die Kosten des Materials zu decken. Ohne Arbeitskosten von teilweise an die 20 Stunden und mehr, ohne Strom für die Geräte, etc.

Letztendlich fanden wir, auch wieder über eine Fressensammlunggruppe, eine Kaufinteressentin die einem sehr günstigen Preis zustimmte. Ein ziemlich mieser Stundenlohn für die Knochenarbeit, aber immerhin. Wir wollten auch nicht auf jedem der tollen Stücke sitzen bleiben und das Geld für das Material umsonst ausgegeben haben.

Allerdings konnte die Gute sich die Ware nicht auf Anhieb leisten, behauptete sie, und bat um die Reservierung des Kratzbaumes ca. drei Monate lang. Ausnahmsweise stimmten wir zu. Wir verpackten den Baum liebevoll damit in der Zeit nichts dran käme und schoben ihn in das Schlafzimmer. Stand im Weg, aber was soll's, dachten wir. Die Dame hatte ja ganz sicher zugesagt, dass sie den Baum nimmt.

Da ich früher ausziehen würde als ursprünglich geplant habe ich dann um eine Angabe gebeten, bis wann sie genug Geld zusammen hat um den Baum zu kaufen. Für den Zeitraum den sie mir nannte hätte ich die Wohnungsübergabe um zwei Wochen verschieben müssen. Nach Abklärung mit dem Vermieter war dies dann auch ohne Mehrkosten möglich, nach dem die Kaufinteressentin mir sagte, sie kann sich das Geld nirgends leihen und somit nicht früher beziehen.

Einige Zeit später wollte ich ein genaues Datum mit der Dame ausmachen. Mein vorgeschlagenes Datum, an einem Wochenende, an dem ich dann auch die Wohnungsübergabe machen wollte, schien der Dame zu passen. Denn sie meinte, das sollte klappen.

Im Nachhinein bekam ich jedoch ein ungutes Gefühl bei dem Ganzen, vor allem die Aussage „sollte" klappen. Also schrieb ich sie noch mal an und bat um eine 100 % Zusage für das Datum, da ich nur wegen dem Kratzbaum die Übergabe verschieben würde. Abgesehen von dem weiten Anfahrtsweg von 100 km würde ich, und wenn sie den Baum nicht holt, ein Problem bekommen. Als kleine Sicherheit bat ich sie um ihren Namen, ihre Anschrift und eine Telefonnummer, da auch mein Internetanschluss nicht mehr lang aktiv war, sie einen Fake-Namen und ein Tierbild als Profilbild im Aso..äh sozialen Netzwerk eingestellt hatte. Dies war wohl der entscheidende Punkt was die doch unsichere Kundin entlarvt hat, denn daraufhin sagte sie mir mit der Aussage „das ist mir ein zu arges Hin- und Her" den Kauf ab.

Unter dem Strich kann ich nur sagen: Ich habe netterweise eine Ware, deren Preis viel zu günstig und mehr als angemessen und vor allem auch bezahlbar war, fast drei Monate lang reserviert! Habe regelmäßigen Schriftverkehr gehabt (wegen Größe, obwohl die dabei stand, Standort, obwohl dieser dabeistand... das übliche Theater) und hätte fast die Wohnungsübergabe verschoben, wäre fast unnötig über 100 km zusätzlich gefahren.

Nur die Anfrage der Anschrift als kleine Sicherheit hat dazu geführt das die Dame absagte. Ich kann der fast

Käuferin dies nicht unterstellen, aber ich gehe stark davon aus, besonders auch durch meine bisherigen Erfahrungen, dass ich an dem Tag mir die Beine in den Bauch gestanden hätte.

*Unmöglich, Leute, wie respektlos ihr mit der wertvollen Zeit und der Gutmütigkeit Anderer umgeht. Da braucht man sich nicht wundern, dass die Menschen immer zorniger und aggressiver, oder einfach eben weniger gutmütig werden, wenn man permanent solche Erfahrungen macht.*

## **Preise / gute Qualität**

Ein Beispiel, aber leider mehrfach in dieser Form passiert: Ich biete ein Produkt an, schreibe alles dazu, Artikelbeschreibung, Preis und Postleitzahl. Sogar den Hinweis dass ich auf dumme Kommentare nicht antworte habe ich beigefügt. Sie fragen sich was die Leute fragten? „Was kostet das?" – „Wo ist der Artikel abzuholen?" „Neu?" - Eine Frau patzte mich sogar an als ich ihr irgendwann auf ihre dummen Kommentare schrieb, warum ich ihr nicht antworte. (Das alles dabei steht und ich es langsam leid bin mich mehrfach zu wiederholen weil die Leute einfach nicht lesen) Ich sei sehr unfreundlich, war dann ihre Antwort. Klar. Und sie? Etwas unterbelichtet?

*Mal ehrlich, Leute, unmöglich! Jeder Einzelne von denen die online in solchen Inseraten lesen, hat Internet. Ist es so schwer anhand der Postleitzahl den Ort ausfindig zu machen wo die Ware ca. zu holen ist? Erwarten die Leute bei einem Angebot wirklich noch genaue Straße, Stockwerk und Wegbeschreibung? Also ich bin in der Lage anhand einer Postleitzahl herausfinden zu können, ob mir der Weg zu weit ist oder nicht! Die Menschheit wird a) immer bescheuerter und b) immer fauler.*

## <u>Kartons</u>

Ein Mädchen bot, wahrscheinlich verzweifelt auf der Suche nach ein paar Euro, ihre gebrauchten Umzugskartons für 1 Euro je Stück ebenfalls in einer Fressensammlung Flohmarkt-Gruppe an. Das arme Mädchen wurde permanent von anderen angezickt.

„Im Aldi gibt es Bananenkartons umsonst"... als Beispiel. Sie antwortete, dass die Bananenkartons nur so auf dem Bild zu sehen seien, und sie diese ebenso umsonst mit dazu schenken würde. „Im Internet gibt's für 1 Euro bereits neue Kartons!"… ein anderes Beispiel. Hier antwortete sie, dass es nur ein Angebot sei, das keiner wahrnehmen muss. Nach dem nächsten doofen Kommentar von wegen dass ein Umzug ja teuer sei, ist mir dann der Kragen geplatzt, denn ich kenne die Pappenheimer ja selbst.

Ich wollte dem armen Mädchen helfen und habe einen ordentlichen Beitrag darunter geschrieben, dass die Leute doch anstatt immer nur herumzumaulen, herumzumeckern und die Leute zu tritzen doch entweder die Sachen kaufen sollen, oder sich einfach zurückhalten. Das arme Mädchen versucht ein paar Euro zu verdienen und ist wegen den paar Kröten nur am Rechtfertigen und Schreiben, für Nichts.

Doch auch das war wieder falsch, denn ich wurde gleich von den Leuten, die sich angegriffen gefühlt haben, angepöpelt und beleidigt. Musste Sätze lesen, von wegen das wäre freie Meinungsäußerung, und was ich mich da einmischen würde etc. (Ach so, wenn ich das sage zählt die freie Meinungsäußerung nicht…?) Also gut, künftig nicht mehr einmischen.

## BW Lampe

Von Verwandten hatte ich vor längerer Zeit eine Bundeswehr Lampe bekommen, die aber geschlossen war. Ich wusste auch nur vom Sagen her, sowie von dem Aufdruck auf dem Kasten, dass es eine Lampe war. Der geschlossene Schutzkasten außen herum in Bundeswehrfarbe wurde durch ein Schloss mit Kette gesichert, zu dem es keinen Schlüssel mehr gab. Daher konnte die Lampe nicht geöffnet werden, was mir egal war als ich die Lampe übernahm. Ich stellte sie mir in eine Ecke, neben eine passende Kiste, sah klasse aus als Dekoration. Ich hätte den Kasten auch zerstören können um den Inhalt anzuschauen, wollte ich aber nicht.

Bei meinem Umzug hatte ich dennoch ein Platzproblem. Also bot ich die Lampe zum Verkauf an. ALS DEKORATION. Mit ausführlicher Beschreibung, dass Schlüssel fehlt, und sie eben nur so wie sie ist als Dekoration benutzt werden kann und ich deshalb keinen Preis festlege, sondern um Angebote bitte.

Abgesehen von den dummen Fragen wie z. B. wie die Lampe innen drin aussieht, ob auch wirklich eine Lampe darin steckt oder was sie kosten würde, meldete sich ein Kaufinteressent mit einem Angebot. Ich schrieb ihm zur Sicherheit nochmals die Problematik mit dem fehlenden

Schlüssel, und dass die Lampe so wie sie ist nur als Dekoration zu benutzen ist, nicht dass dies missverständlich in der Beschreibung rüber kam. Der Kaufinteressent stimmte zu.

Nach ein paar wenigen Tagen hatte sich niemand weiter gemeldet also schrieb ich den Kaufinteressenten an um alles Weitere zum abwickeln abzustimmen. Da wollte er noch mal ein Bild der Lampe. Obwohl die Bilder online standen, sendete ich sie ihm nochmals zu. Dann meinte der Kaufinteressente, er wollte eigentlich ein Bild der Lampe an sich...

Ich denke ich muss den Grund meiner Empörung nicht weiter erläutern, oder? Manchmal weiß ich wirklich nicht, ob die Leute einem zum Narren halten wollen, oder wirklich so bescheuert sind. Ich schrieb ihm eine dezente Absage.


*Unmöglich, Leute!! Dass man sich heutzutage die Finger wund tippt und nichts bei rumkommt außer verschwendete Zeit!*

**Fazit:**

Irgendwann hatte ich keine Lust mehr irgendetwas zu inserieren, oder mich in Gruppen umzuschauen. Ich verabschiedete mich daher aus allen Gruppen.

Warum:

- Manche Administratoren können nicht lesen und ekeln dann mit falschen Möchtegern-Aussagen Leute aus der Gruppe

- 85 % der Kunden sind: Unzuverlässig, können nicht lesen, halten sich nicht an Absprachen, versetzen einen, sind frech und stellen dumme unnötige Fragen und verschwenden somit meine Zeit

- Viele Leute sind nur in den Gruppen um: Herumzumotzen, herumzumaulen, klug zu scheißen, sich aufzuspielen, sich wichtig zu machen, Streit zu suchen

Das alles ging mir tierisch auf den Sack und das ist mir die paar Euro nicht wert, die man eventuell für seine Sachen bekommt, die das Zehnfache wert sind.

# SONSTIGE FRECHHEITEN

## Verschwundenes Paket

Ich hatte mir erlaubt einige Kleinigkeiten für mich zu bestellen. Ich hatte gerade eine schwierige Phase hinter mir, in dem es finanziell immer sehr eng war. Von daher war der Betrag von 70 Euro für mich eine große Summe, aber ich wollte mir nach den stressigen Jahren auch mal wieder etwas gönnen. Noch eine kleine Info vorneweg: ich hatte zu dieser Zeit kurzfristig für ein paar Monate in einem Mehrfamilienhaus gewohnt. Ein großes Mehrfamilienhaus, mit sehr, sehr vielen Familien...

Nach einigen Wochen fragte ich nach dem Paket, dass im Übrigen per Vorauskasse bezahlt werden musste. Das war kein Thema für mich, ist ja üblich heutzutage. „Das Paket wurde längst zugestellt!", bekam ich als Antwort. Ich verneinte dies, denn ich habe weder ein Paket erhalten noch einen Zettel im Briefkasten gehabt. Ich hing Zettel im Haus aus, dass ich ein Paket vermisse. Doch es meldete sich niemand.

Ich ging an die Post und beschwerte mich und ließ mir den Namen geben und klingelte bei den angegebenen Nachbarn. Diese behaupteten jedoch, sie hätten das

Paket längst an den Empfänger gegeben. Ich verneinte dies, da ich Nichts bekommen habe. Scheinbar muss jemand den gleichen Nachnamen wie ich haben, und es wurde dort abgegeben. Ich eruierte wo diese Namensfetter wohnte und klingelte. Eine Dame die meine Sprache nicht sprach und keinesfalls den gleichen Namen tragen konnte, öffnete mir die Tür. Mit Händen und Füssen habe ich erklärt um was es ging, doch die Dame hatte kein Paket für mich. Sie telefonierte mit ihrer Vermieterin, die wohl den gleichen Namen wie ich hatte, dort aber nicht wohnte. Diese kam dann noch, eine andere Nachbarin stellte sich dazu und letztendlich haben wir dann zu fünft im Hausflur rumdiskutiert, doch keiner hatte mein Paket. Die andere Nachbarin welche dazukam erzählte, sie hätte letzte Woche ein Paket gesehen, es wurde im Hausflur abgestellt.

Die Nachbarn, die für das Paket unterschrieben hatten wiesen alle Schuld von sich, und auch wenn ich im Recht gewesen wäre, bin ich nicht gegen diese vorgegangen. Zum einen da die alte Dame fast weinte und von ihrem Herzinfarkt erzählte den sie erst hatte und zum anderen, da sie und ihr Mann mir gleich durch die Blume mit dem Anwalt drohten, den sie in der Familie hatten. Was sollte ich kleine Wurst denn hier noch unternehmen? Die Selbstbeteiligung der Rechtschutzversicherung wäre höher gewesen als das Paket wert war, von dem Stress ganz abgesehen. Allein diese 2 Stunden die an dem Tag weg waren hätte ich auch anders nutzen können.

Aber genau wegen dem Stress und der Zeit, für die ich am wenigsten konnte, wollte ich das Ganze nicht auf mir sitzen lassen. Ich schrieb wieder an die Firma bei der ich die Ware bestellt hatte, parallel schrieb ich an die Auslieferungsfirma mit großen Buchstaben. Beide Parteien schoben die Schuld von sich auf den anderen. Keiner hatte es nötig, sich bei mir zu entschuldigen, mir mein Geld zu erstatten oder mir neue Ware zu schicken. Ich war verzweifelt. Die Firmen, die mehr als genug Kohle haben interessieren sich einen Scheiß für die kleinen Leute, die keinerlei Chance haben sich zu wehren.

Sehr sauer und enttäuscht ging ich damit an die Öffentlichkeit. Die Auslieferungsfirma löschte jedoch ohne zu zögern mein Anliegen und vertuschte es, speiste mich mit einem dummen Kommentar ab. Der Shop jedoch wollte das Image nicht auf sich sitzen lassen und bot mir als Entschädigung öffentlich einen Gutschein an. Zwar nicht über das ganze Geld, aber immerhin 35 Euro. Besser als nichts, also nahm ich an, fühlte mich das erste Mal verstanden.

Der Gutschein kam, doch als ich ihn wenige Wochen später einlösen wollte, gab es die Firma nicht mehr!

Lustig, oder? Die Firma die als Nachfolgefirma genannt war, schickte mich mit meinem Anliegen wieder weiter an eine andere Adresse. An die dann genannte Adresse hatte ich den Gutschein geschickt, um ihn endlich mal einlösen zu können.

Was soll ich sagen, ich habe nie wieder etwas von irgendjemand gehört, und von dem Gutschein wusste auch keiner was.


*Unmöglich Leute, ihr, die Großen mit den Taschen voll Asche, macht die kleinen Leute fertig und verarscht sie nach Strich und Faden. An Gesetze hält sich niemand, denn der kleine Mann kann sich nicht wehren, denn ihm fehlt dazu das Geld und die Nerven, eben durch solche Aktionen.*


## Clubbesuch


In einem überfüllten Club bzw. einem einfach gut besuchten, sollte doch jeder eigentlich davon ausgehen können, dass Leute sich benehmen und etwas Rücksicht nehmen. Aber nein, woher denn.

Die immer runder werdende Gesellschaft walzt einen gnadenlos nieder. Ja, walzt. Denn das ist der richtige Ausdruck dafür, wenn so ein riesen Zwei-Tonner (wie mein Kumpel diese Menschen immer nennt) auf einen angerollt kommen. Sie sehen, da steht jemand kleines, schmächtiges, dies bedeutet keine Gefahr – und drüber. Scheiß egal ob die kleinen schlanken Leute stolpern, stürzen, Ihr Getränk verschütten oder der Fuß platt ist, über den sie gerollt sind. Besonders wenn ich, egal ob freiwillig oder unfreiwillig, solche Massen mit mir rumtragen muss, ist besondere Vorsicht geboten, oder nicht?

Ebenso ist es mit den Vollgesoffenen, die auf der Tanzfläche mit ihren Getränken in der Hand ihr Glück versuchen. Dass sie diese überall verteilen, anderen den Platzwegnehmen und die Leute permanent anrempeln ohne es zu merken, ist keine Seltenheit.

Faszinierend finde ich auch, dass die meisten Gäste es nicht für nötig halten dort zu laufen wo Platz ist, sondern sich immer den Platz aussuchen, wo der geringste Widerstand zu sein scheint. Das bin dann mal wieder ich, eine kleine, schlanke Person. Da kann nebendran sogar ein bis zu vier Meter Platz sein, die Leute quetschen sich zwischen mir und dem Tisch, beispielsweise, oder mir und meinem Partner durch, wo gerade einmal wenige Zentimeter Platz sind. Erst wenn sie an meiner Kleidung hängen bleiben, kommt (wenn man Glück hat!) eventuell ein verstohlenes, peinlich berührtes Lachen und eine Entschuldigung.

Nicht bewusst über das Ausmaß ihrer Haarpracht sind oft die, die Kunsthaar oder von Natur aus langes Haar haben. Wenn beispielsweise eine Dame ihre verfilzten Zöpfe noch zu einem Dutt am Hinterkopf formt der so groß wie eine Melone ist, sollte sie beim Tanzen eveeeeeentuell nicht permanent den Kopf nach hinten werfen. Muss ja nicht sein, dass die anderen Leute ständig die Läuse im Gesicht hängen haben.

Auch für nicht verlauste Haare gilt: Nicht jeder möchte die Haare anderer im Gesicht oder im Getränk haben.

*Unmöglich Leute! Ihr seid nicht alleine da, reißt euch doch zusammen, so können alle etwas Spaß an dem Abend haben. So provoziert ihr Streit und Unmut.*

## Handtaschen

Dass Damen, oder die die sich für solche halten, Handtaschen dabei haben ist ja in Ordnung. Aber diese Dinger werden immer größer. Mir fällt immer wieder auf, dass manche Damen Teile dabei haben die so groß sind, dass sie einen Sack Kartoffeln unbemerkt darin verstecken könnten. Genauso fühlt es sich übrigens auch an wenn man diese Teile permanent in die Seite geschlagen bekommt!

Wenn man diese Trümmer schon unbedingt überall mit hin schleifen muss, liebe Damenwelt, kann ich mir nicht vorstellen dass ihr das wirklich nicht merkt wenn ihr die Leute damit fast erschlagt! Egal ob im Restaurant, im Urlaub am Buffet, beim Einkaufen, im Theater... überall bekommt man die Dinger in die Seite oder gar an den Kopf geschlagen, ohne eine Regung der Besitzerinnen. Ein kleines Wort der Entschuldigung ist wohl das Mindeste was man erwarten kann, oder?

## Hausverkauf

Ich musste wirklich schon oft umziehen, weil die Leute einen mit den Nebenkosten oder dem Zustand der Wohnung belügen. Aber mal nur eine Geschichte davon herausgepickt:

Mal wieder habe ich lange gesucht und nach vielen Monaten endlich eine Wohnung gefunden. Schöne Lage, günstig, aber dafür sehr renovierungsbedürftig. Um nicht wieder in die Scheiße zu langen habe ich extra gefragt: „Ist etwas geplant? Ich suche nicht nur was für ein Jahr." „Nein, nein,",  sprach der Vermieter: „es liegt an Ihnen wie lange Sie bleiben."

Was soll ich euch sagen, ich habe mich in der Wohnung eingerichtet, viel Arbeit und viel Zeit investiert und mir nach und nach passende Möbel gekauft (die alten musste ich hergeben, denn die Wohnung hatte fast nur Schrägen). Der Balkon musste noch gemacht werden und als das Jahr zu Ende war und ich ungefähr ein halbes Jahr in der Wohnung wohnte, dachte ich mir nächstes Jahr kann ich mich endlich einmal ausruhen.

Nach einigen Monaten, im Frühjahr des neuen Jahres erhielt ich die Supernachricht, dass das Haus verkauft wird. Ob ich wohnen bleiben kann oder der neue Besitzer alles für sich möchte, ist noch nicht bekannt.

Klar gibt es Kündigungsfristen und blablabla. Aber ist das nicht toll?


## Terror


Was sich durch den Hausverkauf für ein Terror bot, das ging auf keine Kuhhaut. Ständig waren Besichtigungen, was verständlich ist. Aber es ging sehr viel auf meine Kosten. Nachfolgend ein paar Geschichten zu diesem Terror:

# Begaffung

Durch sehr viel Arbeit hatte ich ab und an nur den Sonntag zum ausruhen gehabt. Als wir uns dann gemütlich auf den Balkon setzten um uns zu sonnen (den Balkon hatten wir erst wenige Monate), wurden wir nun ständig von irgendwelchen Schaulustigen genervt. Nicht umsonst habe ich eine Wohnung direkt am Feldrand gewählt. Aber die Ruhe war nun dahin.

Die Leute kamen teilweise in Rudeln angelatscht, stellten sich an den Zaun und beglotzen das Haus und das Grundstück, während wir oben leicht bekleidet unsere Ruhe genießen wollten. Das ging im halben Stunden Takt. Manche, die von der besonders faulen Sorte, suchten sich den Weg mit dem Auto, hielten am Zaun an um ebenso zu glotzen, mit laufendem Motor wohlgemerkt.

Das ging irgendwann soweit, dass ich wirklich genötigt war, folgendes Schild aufzuhängen:

Dieser Zirkus ging wochenlang. War ich noch freundlich und fragte ob ich helfen kann, um nett darauf aufmerksam zu machen dass da auch noch Leute wohnen, wurden die Hexen die dabei waren auch noch grantig und patzig.

## Zu dumm zum Lesen

Schlimm war ebenso, dass die Kaufinteressenten die mit dem Makler VOR dem Grundstück verabredet waren scheinbar zu dumm zum Lesen waren. Sowohl Makler- als auch Haubesitzernamen (ebenfalls eine Klingel vorhanden, denn der Sohn wohnte unten drin) waren den Kaufinteressenten bekannt. Doch grundsätzlich wurde bei mir geklingelt anstelle bei dem Hausbesitzer unten, oder statt einfach kurz zu warten, bis sie an der Reihe waren. Ebenso war bekannt, dass oben ein Mieter wohnt (ich!!), dessen Wohnung erst bei einem gesondert vereinbarten Termin besichtigt wird. Und erst dann, wenn ernsthaftes Kaufinteresse besteht. Das war das einzige Positive, das wir vereinbart hatten. Sonst hätte ich jede Woche zig Leute in meiner Wohnung gehabt und das geht einfach mal gar nicht. Wie auch immer, den Leuten ist sowas ja scheißegal. DA wird nicht gelesen und nicht gedacht, sondern wie ein unterbelichtetes Etwas einfach mal auf alles gedrückt das nach Klingel aussieht!

# Maklerterror

An einem der Tage unter der Woche, ich hatte endlich mal einen Tag frei, sagte ich noch zu meinem Nachbar mittags beim vorbeilaufen (dem Sohn des Hausbesitzers unten), ich möchte bitte heute meine Ruhe haben. Ich war fix und fertig von den Ereignissen der letzten Wochen, der Hochsaison auf der Arbeit und hatte am Vormittag noch einen anstrengenden Termin gehabt. Da der Makler irgendwann mit mir sprechen wollte, befürchtete ich, dass er genau an diesem, meinem freien Tag bei mir Klingeln würde. Denn wie der Zufall es will, waren genau an dem Tag wieder einmal Besichtigungen. Ebenso sagte ich, der Gute solle mich bitte schriftlich per Mail kontaktieren und nicht telefonisch. Ich schrieb sogar extra meine Mailadresse auf einen Zettel. Aber für was redet man heutzutage.

Ich hatte mich gerade zu einem Mittagsschlaf hingelegt, als es an der Tür klopfte. Ich dachte noch es ist der Nachbar mit etwas sehr Wichtigem, da steht der Makler vor der Tür! Nachdem ich seine Frage ob er störe mit „JA" beantwortete, ich stand zudem leicht bekleidet an der Tür, hatte er keine Skrupel mich weiter vollzulabern. Er wollte mit mir Besichtigungstermine in meiner Wohnung vereinbaren. Irgendwann wurde ich dann richtig böse und auch grantig, und er ging endlich. Ich bin ja aber dennoch ein netter Mensch, und rief ihm daher, als er die Treppen hinunterging, hinterher. In einer viertel Stunde könne er wiederkommen, damit ich mir zumindest etwas anziehen kann. Er freute sich und bedankte sich freudestrahlend bei mir.

Ich wartete, und wartete, und wartete. Natürlich legte ich mich nicht mehr schlafen. Doch der Mann kam einfach nicht mehr!

Als er mich dann wenige Tage später, (natürlich nicht wie gebeten per Mail) anrief, konnte er sich erst einmal meine Meinung anhören. Er heuchelte Verständnis und brachte mir bei nächster Besichtigung dann eine Flasche Billigfusel Sekt mit Werbeaufdruck seiner Maklerkanzlei mit. Naja, lassen wir es gut sein, dachte ich.


## Urlaub

Monatelanger Stress und Psychoterror. Auch noch von Nachbarn, die ein Haus nebenan renovierten. Denn diese haben mit mehreren Sprintern wochenlang alles zu geparkt, sogar vor unserem Gelände, auf meinem Stellplatz vor der Hofeinfahrt. Ständig musste ich was sagen weil ich nicht auf unser Gelände kam. Ständig machten sie Krach. Dies, viel Arbeit, der Kläffköter in der Straße und der Hausverkauf sorgten dafür, dass ich irgendwann auf dem Zahnfleisch ging. Umso mehr freute ich mich auf meinen bevorstehenden Urlaub. Ich sagte noch meinem Nachbar unten, dass ich bald Urlaub habe und in den drei Wochen von nichts und Niemand etwas hören möchte wegen Hausverkauf oder Besichtigungen. „Klar", war seine Aussage.

Bereits an meinem quasi ersten Urlaubstag, es war Samstag, kam der Makler nach einer Besichtigung wieder angeschlappt. Ich war eh schon leicht genervt, denn als ich im Hof mein Auto startklar für einen Kurztrip zu Verwandten machte, standen wieder permanent Kaufinteressenten am Zaun oder auf dem Gelände und beobachteten mich. Als der Makler mit einer Selbstverständlichkeit wieder Termine vereinbaren wollte (obwohl es schon viele Interessenten gab, die bereits auch die Wohnung in der ich wohnte, gesehen hatten und das Haus kaufen wollten), wies ich ihn dezent auf meinen Urlaub hin. Ich sagte auch, dass ich zum Teil weg sei und jetzt eh nicht sagen könnte, an welchen Tagen ich zu Hause sei. Abgesehen davon habe ich es massiv an den Nerven wegen dem ganzen Theater und möchte meine Ruhe im Urlaub haben! Dies hatte ich auch bereits „gemeldet". Wenn überhaupt könne ich ihm dann, sobald ich genau weiß wann ich da bin, nur kurzfristig einen Termin anbieten. Soll ja nicht der Hausverkauf daran scheitern. Ich würde mich dann von mir aus melden, sobald ich von meinem Trip wieder zu Hause sei.

Um es abzukürzen: Der Gute hatte null Verständnis und wurde sogar richtig bösartig und fordernd als ich ihm keinen festen Termin in den nächsten drei Wochen nannte. Er wurde patzig ohne Ende, und wenn Blicke töten könnten, wäre ich mehrfach gestorben in den paar Minuten Gespräch. Nur die Rettung in meine Wohnung konnte Schlimmeres verhindern. Das war es dann auch mit Auto putzen und vorbereiten, denn ich wollte nicht mehr vor die Wohnungstür.

Der Mann, getrieben von der Gier auf seine Provision, nervte dann solange meinen Vermieter, der sich dann wiederrum bei mir sowohl per Telefon, per SMS, per Brief und per Mail bei mir meldete. Und das gerade in den vier Tagen, in denen ich außer Haus war und mich auf eine kleine Auszeit gefreut hatte. Auch wenn ich nicht ans Telefon ging, ich hatte keine Ruhe und eruierte dann eben einen Termin. Natürlich schnellstmöglich und innerhalb meines Urlaubes, nannte diesen meinem Vermieter, um endlich meine Ruhe zu haben.


*Unmöglich, Leute, aus lauter Geldgeilheit den Leuten die Nerven zu rauben, kein Anstand zu kennen und kein Respekt. Vor allem auch die Lügerei.*

# Entrümpler

Ich wohnte in einer Sackgasse direkt am Wendeplatz. Mein Auto stand normalerweise vor dem Tor. Dies wurde mir quasi als Stellplatz zugewiesen, da sich in der Garage nur Müll vom Nachbar türmte, und wenn überhaupt, dann nur ich den Hof gelegentlich als Parkplatz benutze. Dies mache ich jedoch selten, da das alte kaputte Tor schwer zu öffnen war.

Als dann die Garage und der Keller des Hauses im Zuge des Hauses entrümpelt werden musste, haben die Besitzer eine Firma beauftragt. Diese haben sich es einfach gemacht. Das wenigste an Abfall haben sie für die teuren Gebühren mitgenommen, sondern haben das Meiste einfach mit auf den Sperrmüll gestellt der zufällig anstand. Leider haben die Herren diesen etwas ungeschickt vor das Tor gestellt, so dass keiner in den Hof rein kam und auch nicht vornedran parken konnte. So musste ich schon an die Seite fahren.

Einen Tag später, das meiste von dem Müll war abgeholt, war zumindest wieder ein wenig Platz vorm Tor. Aber zum einen nicht genug um rein zu fahren und zum anderen wusste ich auch auf Grund mangelnder Informationen nicht, dass die Entrümpler noch nicht fertig waren. Auf die Idee wäre ich auch nicht gekommen, denn der Hänger aus dem Hof war weg und die Herren waren auch schon eine Woche lang täglich da gewesen. Also stellte ich mich wieder vor das Tor, allerdings genau mittig, so dass kein anderer reinfahren konnte. (Was im Normalfall außer mir eh keiner machte)

Am nächsten Morgen, ich wollte gerade zur Arbeit, stand noch kurz im Bad, schon die Jacke an, hörte ich wie die Entrümpler vor der Tür stehen mit einem Bus und sagen „die oben ist ja scheinbar noch da - dann werden wir die mal jetzt wecken!" Das war wohl der komische Chef. Da bin ich schon geplatzt vor Zorn. Und in was für einem Ton, mit einer solchen Selbstverständlichkeit... Hätten die mich wirklich in meiner derzeitigen Verfassung geweckt, ich denke die hätten was erleben können. Dies wäre meiner Gesundheit nicht gut bekommen in meiner derzeitigen Situation, bzw. wenn ich frei gehabt hätte wäre ausschlafen sicher auch mal angenehm gewesen um mich etwas zu kurieren.

Egal, ich war ja wach und bin also runter. Was die netten Menschen jedoch noch nicht wussten, meine Autobatterie war leer, ich konnte also eh nicht vor dem Hoftor wegfahren, selbst wenn ich gewollt hätte. Dies hatte ich am Abend zuvor gemerkt, als ich nochmal wegfahren wollte. Mein Freund hatte dann eine gekauft, wollte mir diese dann am Abend vorbeibringen. Eine Kollegin holte mich zur Arbeit ab.

Da ich einen der Entrümpler von einem früheren Arbeitgeber kannte, habe ich diesen freundlich begrüßt und gleich gesagt „Du, ich kann das Auto heut nicht wegstellen, erst morgen, wusste ja auch gar nicht das ihr noch mal kommt." Er dann so: "Kein Thema."

Da kam der andere Wicht angeschlappt, wollte cool sein und sagte: "Wir machen ein Deal, wenn Sie's Auto stehen lassen wollen dann stellen Sie es da auf die Seite!" Geht's noch oder was, wohne ich da oder die …

Daraufhin habe ich dem Guten dann gesagt „Nein das Auto ist kaputt das bleibt stehen wo es ist."

Dann musst ich noch Auskunft darüber geben, was denn dran ist, um mir dann, als sie merkten es kann wirklich nicht gestartet werden, zu sagen: „Kein Thema wir hiefen es auf die Seite." Daraufhin meinte ich nur: "Nein!!! Ihr habt schon einen vollen Karton in der Garage auf mein Fahrrad gestellt, meine Sachen trotz Verbot hin und her geräumt, ihr langt meine Sachen nicht mehr an!", und bin weggelaufen.


*Unmöglich, Leute, geht's noch oder was…? Entweder Bescheid geben oder Fresse halten aber sich nicht aufspielen als gehöre Euch das Grundstück, nur weil ihr für die Entrümpelung für einen Keller und eine Garage beauftragt wurdet, für das ihr über drei Wochen braucht, und das Meiste im Sperr- und Hausmüll verteilt habt!*

# URLAUB

## Taxi

Mit einem Taxi zum Flughafen gebracht zu werden erschien uns recht gemütlich, also buchten wir dies. Wir wurden nachts um 2 Uhr abgeholt. Auf dem Weg haben wir noch zwei Damen abgeholt, die ebenfalls an den Flughafen mussten. Abgesehen davon, dass diese die ganze Zeit im Taxi rumgerotzt und gehustet haben (wenn ich schon krank bin dann rauche ich nicht noch nachts auf der Straße bis das Taxi eintrifft), haben sie ununterbrochen gegaggert. Aber nein, natürlich nicht leise. Sie wurden beim erzählen immer lauter und dieses Gekicher, unglaublich. Typisch Weiber, würde ich sagen. Mh, ich bin selbst eins… aber ich habe genug Anstand um den anderen Leuten im Taxi, die sichtlich müde sind, nachts, nicht auf den Sack zu gehen.

## **<u>Handy</u>**

Das in Flugzeugen Handys auszuschalten sind wird sowohl in der eigenen Sprache, als auch noch in Englisch vor Flugbeginn deutlich bekannt gegeben. Auch ab wann das Handy wieder im Flugmodus eingeschalten werden darf. *Leute, das hat auch seinen Grund. Warum müsst ihr dann dennoch entgegen der Regeln immer wieder die Handys anlassen?* Vor allem die Kinder, und die Eltern guggen da auch noch zu. Überall wird man gefilzt und kontrolliert, aber hier schaut keiner genau hin. Entweder sollte hier wirklich darauf geachtet werden, oder man kann sich das mehrfache darauf Hinweisen am Anfang sparen.


## **<u>Beim Essen</u>**


## **Teil 1**

Abartig wie gierig manche Leute im Urlaub sind, wenn es „nichts kostet" und sie nicht selbst kochen müssen. So gierig, dass die Hälfte des Essens beim auf den bereits überfüllten Tellers schöpfen, auf den Boden fällt.

Natürlich wird nur doof geglotzt, die Sachen liegen gelassen und weiter geschöpft. Kein Wunder haben manche Hotels extra Angestellte, die während der Essenszeiten umherlaufen und Essen vom Boden aufkehren.

## Teil 2

Es ist doch nett wenn auf der Terrasse des Restaurants gegessen werden kann. Nicht nett ist, wenn Gäste ihre schmutzigen Schuhe an der ca. 40 cm hohen Terrassenmauer, auf der auch noch schöne Blumen gepflanzt wurden, abstreifen und deren Scheiße dann daran hängen bleibt während die anderen Gäste noch essen. Interessanterweise sind SOLCHE Menschen dann auch noch taub!

## Teil 3

Manche Eltern im Urlaub meinen, nur weil sie so gut wie Nichts machen müssen, können sie sich sogar darum drücken ihr eigenes Essen zu holen. Sie schicken ihre Skla... äh Kinder. Ein Junge brachte seiner Mutter drei Stück eingepackte Butter. Die waren aber der Mutter nicht gut genug und auch noch zu viele, sie wollte schließlich eine andere Butter. Der Junge sollte diese wieder zurückbringen. Dieser war dann wohl zu faul und ging zur nächst möglichen Theke und legte sie ... zum Obst.


## Teil 4

Richtig respektlos sind ja die Leute, die sich Getränke bestellen und diese dann unberührt stehen lassen. Wenn ich doch nichts vorhabe zu trinken, warum muss ich mir dann ein volles Glas Cola bestellen, nur weil ich es nicht bezahlen muss? Das Getränk muss so wie es ist in den Abfluss geschüttet werden, das Glas gespült und der Kellner bezahlt werden. Das etwas übrig bleibt ist ja kein Problem, aber wir haben das im Urlaub so oft beobachtet das volle Gläser bestellt, aber nicht angerührt wurden. *Eine Frechheit, Leute!*


## Teil 5

Ein Kind steht an der Essentheke und vor lauter Gier (mal wieder die liebe Gier) fällt ihm die Essenszange auf den Boden. Ohne Anstand, denn der fehlt heutzutage wohl in der Erziehung, wollte das Kind die dreckige Zange wieder in die Essensschüssel reinlegen. Zum Glück hat es gerade einer der Kellner gesehen und das Kind aufgehalten.

## Teil 6

In jeder Hausordnung in jedem Begrüßungszettel steht die Bitte an die Gäste, dass diese sich zum Essen netterweise ordentlich ankleiden sollen. Ebenso die Bitte, nicht in nassen Badesachen in das Restaurant zu gehen.

Was ist so schwer sich daran zu halten? Muss man da wirklich im Bikini antanzen? Muss man als alter Mann nur mit einer kurzen Hose bekleidet anderen den Ranzen hinstrecken? Das Schlimmste daran ist, das meistens auch noch der halbe haarige Arsch aus der Hose schaut! Das ist wie ein Verkehrsunfall. Es ist eklig aber irgendetwas in einem nötigt uns dazu, doch ein Blick zu riskieren um sich dann zu schütteln. Dazu noch die Socken bis zum Knie und die Sandalen an. Perfekt ist das Klischee und wir brauchen uns nicht wundern, dass Touristen verpönt werden.

## Teil 7

Auf dem Gelände tummelten sich viele Katzen und Kitten herum. Überall standen Schilder, dass die Katzen bitte nicht gefüttert werden sollen. Dies hat sicher auch einen Grund. Dennoch mussten wir mehrfach beobachten, wie Leute den Katzen beim Essen diverse Brocken auf den Boden warfen. Nicht nur zur Freude der Katzenhasser unter den Gästen, die dann erbost waren, dass sie während des Essens Katzen an den Tischen auf der Terrasse ertragen mussten. Ich sprach eine Dame an, dass es nicht gestattet sei die Katzen zu füttern, darauf würde schließlich überall hingewiesen. Sie antwortete nur „ist doch nur Hühnchen, das schadet schon nichts."

Abgesehen davon, dass sie sicher nicht das Hühnchen abgeschleckt hat um es von all den Gewürzen zu befreien, welche den Katzen sehr wohl schaden können, GIBT ES GRÜNDE WARUM DAS VERBOTEN IST. Wenn jeder der zig Hundert Gäste so denkt, dann sind die Schilder für den Arsch.


## Teil 8

Schön, dass die älteren Damen im Urlaub Zeit finden sich zu unterhalten. Aber VERDAMMT NOCH MAL, macht dies an eurem Tisch und nicht stundenlang direkt vor dem Essenbuffet, damit andere nicht an das Essen rankommen und eure Speicheltropfen vom vielen Gaggern auf das Essen fliegen.

## Teil 9

Wenn wir schon dabei sind, sowohl Kinder als auch Erwachsene haben es heutzutage wohl leider nicht mehr nötig, sich beim Niesen und Husten die Hand vor den Mund zu halten. Auch nicht, wenn sie direkt vor dem Essensbuffet stehen! Widerlich.

## Teil 10

Darauf folgt, dass ein Junge, der sich soeben noch mit seiner Hand die Rotze aus dem Gesicht mit abgewischt hat, für die faulen Eltern Besteck holen soll. Auf den Kellner warten dauert wohl zu lange bei den Gierhälsen. Dass er dabei eine Gabel zu viel genommen, und diese wieder zurückgesteckt hat, ist eine Sache. Dass er diese aber nicht am Griff sondern unten an den Zinken, komplett in seine Hand gelegt hatte als wolle er sie ausquetschen, die andere. Denn die nun mit Rotzbakterien volle Gabel wird von dem nichtsahnenden Kellner an den nächsten Tisch ausgeteilt, an dem dann der nächste Gast sich die Rotzpartikel mitsamt seinen Essen in den Mund schiebt.


## Teil 11

Das in den Restaurants Rauchverbot ist, ist allgemein bekannt. Doch manche Menschen sind so dreist, anstatt außen herum zu laufen, was eventuell ein paar Meter mehr sind, laufen sie „eben mal schnell" mit der Kippe direkt an den Essensbuffets vorbei durch das Restaurant.


## <u>Am Pool</u>


## Teil 1

Wir liegen entspannt am Pool als ein kleiner Rotzbengel, man kann ihn nicht anders nennen, kurz vor unserer Liege auf den Boden rotzt. Es war ekelhaft, was da an Schleim auf dem Boden lag, mitten im Weg. Auf unser Rufen hin reagierte er natürlich nicht. Genauso wenig wie die Eltern, die mit ihrem Gewicht fast die Pooltreppe zum Einsturz brachten. Wir mussten also selbst Wasser holen und die Rotze wegspülen, um nicht daneben zu kotzen oder jemand hineintreten zu lassen.

## Teil 2

Warum haben es die meisten Menschen nicht nötig, am Abend ihrem Platz so zu verlassen wie sie ihn vorgefunden haben? Es werden Liegen hin und hergeschoben, die eigentlich ihren Platz haben, werden morgens vor dem Frühstück reserviert, trotz der vielen Verbotsschilder, es werden die Rucksäcke und Müll überall verteilt. Manchmal schieben sie ihre Liegen bald schon auf die Liegen der anderen Gäste, dass kaum noch Privatsphäre bleibt. Abends wird dann einfach alles stehen gelassen. Brauchen mit ihren ganzen Kids und dem ganzen Spielzeugkram bald 20 Minuten in denen sie Stress, Lärm und Hektik verbreiten bis sie endlich ihren ganzen Scheiß zusammen haben, aber die Liegen werden nicht wieder zurückgeschoben und der Müll wird nicht entsorgt.

## Teil 3

Wenn die Wasserrutschen abgesperrt und ausgeschalten sind, ist es Kindern auch nicht gestattet darin rumzuturnen und die umliegenden Leute mit dem scheppernden Krach zu beschallen. Wo sind hier die Eltern? Warum schaut niemand auf seine Kinder? Und das ist nicht das einzige Bespiel, bei dem Kinder unbeaufsichtigt Mist bauen. Wenn ich in Urlaub gehe und die Kinder mitnehme, muss ich auch darauf aufpassen.


## __Am Strand__


Ist es nicht herrlich, am Strand, abgesperrt nur für die Hotelbenutzer, schön ruhig, nicht so viel Kindergeschrei wie am Pool. Wir sind gerade eingeschlafen als ein Balg wohl nicht genug Aufmerksamkeit von seinen Eltern bekam und sehr laut rief: „Aufwachen", „aufwachen", „aufwachen", „aufwachen", „aufwachen", „aufwachen", „aufwachen", „aufwachen", „aufwachen", „aufwachen", „aufwachen"... Nachdem wir das gefühlte 10. Mal böse rüber geschaut hatten, denn wir waren mittlerweile wachgeschreckt, hatte es die Mutter mal endlich nötig dem Kind zu sagen es soll bitte nicht so rumschreien, es gäbe auch andere Leute die Schlafen wollen.

Tja gute Frau, JETZT wohl nicht mehr.


Aber generell ist Kindergeschrei ein Problem für ein Paar, das gerne in Ruhe Urlaub machen möchte. Am Flughafen, im Flugzeug, am anderen Flughafen, im Bus, in der Hotellobby, im Nachbarzimmer, im Restaurant, am Stand, am Pool, sogar bei der Massage, an den Showabenden, in der Sauna, beim Sport, beim Spazierengehen. Egal wann oder wo man ist, es vergeht keine halbe Stunde und es plärrt irgendwo ein Kind. Meistens einfach aus Zorn. Das ist normal, sagen die Eltern… Es gibt genug Kinder nicht den ganzen lieben langen Tag nur rum schreien und herum plärren und alle damit belästigen! Es gibt Menschen, die empfinden Kindergeschrei nicht als Musik in den Ohren! Beschäftigt euch gefälligst mit euren Nachkömmlingen und kümmert euch darum. Nennt sich: Erziehung. Wenn ihr allerdings nur schlafend am Pool liegt und es euch scheißegal ist, was die Kids machen, Hauptsache ihr könnt pennen, wird das halt nichts.

Und bevor die Eltern wieder meckern: Natürlich ist es nicht zu vermeiden, dass ein Kind mal schreit. Sagt ja auch keiner was. Wenn es gestürzt ist, beispielsweise. Oder ein Säugling wenn er Hunger hat (wobei ich mich frage, ob man dann wirklich in Urlaub fliegen muss). Aber viele der Kinder plärren eben zum Beispiel auf Grund mangelnder Aufmerksamkeit, Beschäftigung, Erziehung. Ist halt leider so. Und sich mal in die anderen Leute zu versetzen die eben einen schönen ruhigen Urlaub verbringen möchten, und auch mal für die etwas Verständnis zu haben ist auch nicht zu viel verlangt, oder? Für die permanente Beschallung habt ihr auch genügend davon.

# Im Bus

Wir hatten uns extern vom Hotel eine Massage gegönnt und warteten auf den Bus der uns wieder in das Hotel bringen sollte, als eine Gruppe ekelerregender Menschen die Massageeinrichtung betrat. Sandalen, kurze Hose und die Männer keine T-Shirts, die Damen enge Kleidung die sich aber besser nicht angezogen hätten denn sie platzen bald aus allen Nähten. Die armen Angestellten, dachten wir uns und hielten uns die Ohren zu, denn vor dem Gebäude plärrte ein Kind so extrem laut aus Zorn, es war nicht auszuhalten. Die Mutter zerrte es nur mit bösem Gesicht an der Hand hinter sich her. Zum Glück war es bald weiter weg, und der Bus kam auch um die Ecke.

Wir schluckten, als die Gruppe massiver und komisch riechender Menschen, die scheinbar nur einen Termin vereinbart hatten, zu uns in den Bus stiegen. Der eine Mann quetschte sich durch die Reihe und setzte sich, ja genau, neben uns auf den Einzelsitz auf der anderen Seite vom Gang. (Es war nur ein kleines Bussel, nicht so normaler Reise- oder Linienbus wie wir es kennen. Abgesehen von dem Geruch war es extrem widerlich, wie bei jeder Bewegung der Speck des Bauches hin und her schwabbelte, umgeben von Haaren und Schweiß, der dem Mann über das Fett lief. Wir bemühten uns in die andere Richtung zu schauen um uns nicht den Appetit auf das spätere Essen zu verderben. Nachdem wir zusätzlich noch das Herumgehuste und Gerotze von der Meute ertragen mussten, hielt der Bus. Zum Glück, zumindest war diese an ihrem Ziel. Als der Mann ausstieg, mussten wir uns auf die Seite lehnen, damit der Fettwanzt uns nicht noch mit seinem Schweiß vollsaute, denn er nahm null Rücksicht beim aufstehen und aussteigen, das neben ihm auf der anderen Seite vom Gang noch Leute saßen. Als die Leute endlich aus dem Bus gerollt waren befand sich an der Scheibe an der dieser Mann gesessen hatte ein riesengroßer Fettfleck.

*Unmöglich, Leute. Echt ekelhaft wie respektlos manche von euch durch die Gegend walzen. Leute, auch wenn es warm ist, zieht euch doch wenigstens ein T-Shirt an und verteilt nicht überall euren stinkenden Schweiß und eure Fettabsonderungen! Pfui!*

# BEIM ARZT

## **<u>Notfall</u>**

Ich hatte einen wunden Fleck am Bein, der fürchterlich brannte. Zu meinem Arzt wieder, nein, der kennt sich da nicht so aus mit dem Thema Haut. Ein Hautarzt wird schwierig, denn es ist kurz vor Weihnachten. Ich rief bei einigen an, und höre den Anrufbeantworter „leider …“. Was nun, dachte ich und eine Arbeitskollegin gab mir den entscheidenden Hinweis, an den ich zufälligerweise auch schon dachte. „Geh doch mal ins Krankenhaus in die Notaufnahme, die wissen doch bestimmt was du da machen kannst." Ich ging dennoch ein wenig früher von der Arbeit, wieder ein paar Minus Stunden. Aber ein wenig warten werde ich dennoch müssen und ich wollte eigentlich gegen 19 Uhr zu Hause sein.

Als ich im Krankenhaus ankam, wurde ich darauf hingewiesen, dass ich 1-2 Stunden warten müsste. Okey, dachte ich, ändert ja nichts, ich muss ja jemand drauf schauen lassen, ich brauche ja Hilfe und habe keine Ahnung was es ist. Nicht dass es womöglich gefährlich ist. Komme ich ca. eine halbe Stunde später nach Hause.

Es war kalt, ich hatte Hunger, an dem Tag auch nicht viel gegessen, ich hatte Durst und es brannte. Und die Zeit verrann. Eine Stunde verging, zwei Stunden vergingen, drei Stunden vergingen. Wenn ich nicht meine Karte abgegeben hätte und jede Minute damit rechnete an der Reihe zu sein wäre ich gegangen.

Nach fast vier Stunden wurde ich endlich gerufen. Aber kam ich auch dran? Nein, erst musste ich nochmals kurze Zeit warten. Kurz wirklich, im Vergleich zu der vorherigen Wartezeit. Als die Ärztin endlich kam, schaute sie sich die Stelle kurz an und teilte mir mit, dass sie nicht weiß was das ist, sie kann mir deshalb auch nichts geben, sie haben auch kein Hautarzt im Haus. Als ich fragte was ich denn dann machen soll sagte sie, ich solle doch in eine Hautklinik gehen. Fein. Werde ich heute Abend sicher nicht mehr machen, es wird schon nach 21 Uhr bis ich zu Hause bin… und an Weihnachten sicher auch nicht. Werde ich eben mit dem Schmerz leben. Selbst beim Ausfüllen des Zettels fragte sie noch Ihre Gehilfin, was sie denn schreiben soll, warf mit einem Fachbegriff um sich, meinte noch „das könnte passen" und schickte mich weg. Ich fuhr heulend nach Hause, und nahm mir vor, nicht mehr zum Arzt zu gehen.

Letztendlich half alles nichts, ich musste zum Arzt. Nach den Feiertagen, als ich wieder arbeiten war, rief ich nochmals die Ärzte durch und erreichte tatsächlich jemanden bei meinem früheren Hautarzt. Leider konnte sie mir keinen Termin geben und vorbeikommen durfte ich auch nicht, da sie in einer halben Stunde schließen würden. Da hätte ich früher anrufen müssen. Konnte ich aber nicht. Ich erklärte Ihr die Situation, auch mit dem Krankenhaus, daraufhin sagte sie mir „die müsste man grad verklagen das kann es ja nicht sein." Sie bot mir an, montags noch mal anzurufen, aber gleich am frühen Morgen, dann kann sie mich VIELLEICHT am Dienstag in die Notfallsprechstunde am Dienstag aufnehmen. Ich bedankte mich und legte auf.

Letztendlich ging ich dann doch noch am Abend in die Hautklinik. Nach einer weiten Strecke und nach einer erträglichen Wartezeit von 30 Minuten bekam ich dann zumindest ein Übergangsmedikament und konnte damit über Sylvester und die Urlaubszeit der Hautärzte ohne eine nervige brennende Hautstelle überstehen, um danach meinen Hautarzt aufzusuchen, bei dem ich dann zumindest nach 2,5 Stunden endlich eine Behandlung bekam.

# Schmerzen

Rückenschmerzen ohne Ende. Egal ob sitzen, liegen stehen, ich hatte es im Kreuz. So schlimm, dass ich nicht einmal sitzen kann, war es selten. Ich nehme mir extra Überstundenabbau und gehe früher von der Arbeit, um noch in die freie Sprechstunde zu meinem Arzt zu kommen. Ich komme beim Arzt an und sehe, das Wartezimmer ist voll. Die Sprechstundenhilfe macht mich darauf aufmerksam, dass es 1-2 Stunden dauern kann. Damit habe ich gerechnet, daher bin ich auch 2 Stunden früher von der Arbeit weg.

Während ich im Wartezimmer warte, denke ich über die letzten Besuche beim Arzt bezüglich meines Problems nach. Meistens wurde ich mit der Aussage, ich soll Sport machen, nach Hause geschickt, ab und an hatte ich Glück, und bekam ein Rezept für Krankengymnastik. Das letzte Mal war der „Ersatzarzt" da, welcher mir dann zumindest ein paar „Quaddelspritzen" gab. Dies hat einige Tage geholfen. Ich hoffte heute, wieder den Ersatzarzt zu bekommen, um wieder einige Zeit schmerzfrei sein zu können. Doch meine Hoffnung wurde zerstört, als nach fast 3 Stunden und eigentlichem Praxisschluss der Ersatzarzt nach Hause ging.

Ich wurde dann als letzte Patientin aufgerufen, und ging zu meinem Arzt. Es waren mittlerweile mehr als 3 Stunden vergangen und mir war es schade um die Zeit, denn daheim wartete ein Haufen Arbeit und ich war tierisch kaputt. Nach kurzem Gespräch wurde ich, mal wieder, mit der Aussage ich soll mehr Sport machen nach Hause geschickt. Ich fragte nach einem Rezept, ich solle erst einmal ein paar Tropfen nehmen und Muskelaufbau machen. Ich fuhr weinend nach Hause. Ich sagte mir, nie wieder gehe ich zum Arzt, stundenlanges Warten für Nichts, und dann wundern, dass man nicht so oft Zeit hat für Dinge wie Sport. Ich mache zudem Sport. Ich schaffe es nicht immer 3-4 Mal die Woche, so ist das nun mal. Aber selbst zu den Zeiten in denen ich dies schaffte, hatte ich Schmerzen. Und nein, Arzt wechseln kommt da auch nicht in Frage, denn egal bei welchem Arzt ich bisher war, bekam ich nicht viel geholfen, außer wie gesagt ab und an ein Rezept. Und selbst darum musste ich fast betteln. Das ich total verspannt bin im Schulter- / Nackenbereich hat irgendwie noch kein Arzt festgestellt, selbst wenn ich über tägliche Kopfschmerzen klage, und die Verspannungen anspreche. Bei der Krankengymnastik merken die Therapeuten dies sofort, aber mit einem Rezept geht das leider nicht weg. Wie auch immer, dann wird in Zukunft eben wieder Sport gemacht, eigenständig in Behandlung gegangen, diese aus eigener Tasche bezahlt oder es einfach hingenommen. Aber noch mal werde ich nicht mit Notfallschmerzen in die

Sprechstunde gehen. Denn durch Herumsitzen beim Arzt und Zeit verschwenden wird es nicht besser.

Sicher hat der Arzt sein Budget, und seine Vorschriften, oder ich jammere nicht genug? Andere haben nicht so viel und bekommen ständig Massage, amüsieren sich darüber, dass sie sich halt mal bei Lust und Laune auf Massage wieder ein Rezept holen. Und ich die der seit Jahren Schmerzen hab und ich mich manchmal echt quäle, muss um alles betteln und bekomme es oft nicht einmal.

Wahrscheinlich wird das Geld für Leute gebraucht, die noch nicht jahrelang einbezahlt haben, aber komischerweise dennoch Sonderrechte bekommen. Oder Menschen, die sich fett gefressen haben, bei denen es offensichtlich ist, das es vielleicht mal im Rücken zwickt. Bei jemand, bei dem man es nicht unbedingt sieht, der sportlich ist und sich auch bewegt, schaut man gar nicht erst näher nach ob er vielleicht was haben könnte. Warum auch...

# IN DER AUTOWERKSTATT

## Kompetenzen

Das Auto quietscht und quietscht, und ich habe keine Ahnung was das ist. Bei meinem Bekannten der sich super auskennt war ich bereits, doch auch er konnte keinen Fehler finden. Aber es hört sich einfach nicht gut an. Na was bleibt mir da Anderes übrig, als in die Autowerkstatt zu fahren, die auf meine Automarke spezialisiert ist. Meine Überlegung war Folgende: Fahre ich 20 km und fahre in die Werkstatt, in dessen Autohaus ich das Auto vor vielen Jahren gekauft habe, oder fahre ich in die Werkstatt, dessen Autohaus die Marke ebenfalls vertreibt, und von meinem Arbeitsplatz ungefähr einen Kilometer weit weg ist... Ich entschied mich für das Praktische, und schrieb die Firma an, da es durch meinen Job schwer ist, zu Öffnungszeiten jemanden anzurufen.

Wie auch immer bekam ich auch Antwort von der Werkstatt, die mir dann einen Termin anboten, der zu dem von mir vorgegeben Zeiten passte. Ich sollte jedoch dann, wenn ich vorbei kommen würde, meinen Fahrzeugschein mitbringen. Was ich eh gemacht hätte.

Ich meldete mich zurück und bestätigte den Termin. Kurz darauf kam dann ein Anruf aus der Werkstatt. Bei dem Abhören des Anrufbeantworters in der Pause fand ich es interessant, dass der Kollege mir die Nachricht hinterließ, dass sie den Termin den sie mir angeboten hatten doch nicht anbieten könne, da sie da schon Feierabend haben um die Uhrzeit. Ich sollte anrufen wegen eines neuen Termins. Ich versuchte in der Pause zurückzurufen, kam von A nach B, und bis ich den guten Mann dran hatte, war meine Pause fast schon um. Dieser teilte mir dann mit, dass er mir gar keinen Termin geben könne, ohne den Fahrzeugschein. Sie müssen das Auto schließlich im System *einpflegen*. Selbst als ich sagte, dass ich dann den Schein mitbringe und wirklich nur wolle dass sich das jemand kurz anschaut, bestand der Mann auf vorherige Sicht auf meinen Fahrzeugschein um mich schon als Kunde anlegen zu können. Ich teilte Ihm mit, dass ich die nächsten Tage den Schein per Mail schicken würde, oder in der Pause vorbei käme.

Dies schaffte ich von meinen Schichten her und zeitlich dann leider auf Grund verschiedener Umstände leider doch nicht. Einen Scanner besitze ich auch nicht, also konnte ich ihn dann auch nicht einscannen, und da mein Internet nicht richtig ging, konnte ich auch kein Foto schicken. Shit happen. Als dann nochmals eine Nachricht kam, dass nach wie vor der Schein benötigt würde um mir einen Termin geben zu können war es mir auf gut deutsch „zu blöd", denn erst bekomme ich einen Termin außerhalb der möglichen Zeiten, dann geht keine Terminvereinbarung ohne Schein. Auf diese Weise, so bin ich der Meinung, kann eine Firma keine neuen Kunden gewinnen, zumindest mich nicht.

Ich entschied mich also doch in der „alten" Werkstatt von früher anzurufen, und siehe da „kommen Sie einfach vorbei dann schauen wir mal.", war die Antwort. Super, dachte ich, und bei nächstmöglicher Gelegenheit für ich dort hin. Sie wollten weder meinen Schein, noch haben sie meine Daten heraus gesucht, sondern kurz in das Auto reingeschaut, etwas nachgezogen, gesagt sie wissen leider nicht ob es das war, aber möglicherweise, soweit ist alles ok, nichts aufzufinden, und ich war binnen 10 Minuten fertig. Kostenpunkt: Etwas in die Kaffeekasse werfen. Na, das ist doch eine Firma bei der ich bleiben möchte.

Aber auch hier ist nicht alles Gold was glänzt. Ich musste einen Termin zur Reparatur der Bremsen vereinbaren, denn der TÜV war fällig, und mit den Bremsen wurde mir schon mehrfach mitgeteilt, würde ich, bzw. mein Auto die Prüfung nicht bestehen. Ich rief also in der Werkstatt an, die mich letztens so toll bedient hatte. Scheinbar hat die Bürodame die Stelle hingeworfen, denn es war eine neue unbekannte Stimme am Telefon.

Die Dame nahm mein Anliegen *ausführlich* auf und vereinbarte einen Termin zur Reparatur mit mir. Auch dass ich danach TÜV bräuchte und auch dies über sie machen würde teilte ich mit. Der Termin lag genau in den 4 Tagen, in denen ich Urlaub hatte und passte mir gut, da mein Freund da auch die Zeit frei hatte und ich hatte somit jemand, der mich heimfahren konnte.

Um jedoch auch die richtigen Bremsen bestellen zu können, entschloss ich mich, da ich eines Abends zeitlich etwas Luft hatte, nochmals vorbeizukommen, damit der Mechaniker sich das noch mal anschauen kann. Die Dame wollte zwar vorab den Mechaniker fragen und sich dann Notizen machen, dennoch erschien es mir angebrachter mit dem Auto nochmals vorzufahren, denn eventuell könnte ich mir ja das ein oder andere Teil etwas günstiger bei einem No-Name Händler besorgen. Somit nannte sie mir die Öffnungszeiten und ich fuhr an dem Tag hin.

Leider war an dem Tag der Mechaniker aber gar nicht da… dies stellte ich auch leider erst vor Ort fest. Auch die Dame war nicht da, die hatte da schon Feierabend. Es war ein anderer Mitarbeiter vor Ort, der sich aber um Angebote etc. kümmert. Ich erklärte ihm die Sachlage und er schaute in den Kalender, denn es könnte ja sein, das die Dame schon etwas an Infos über die Bremsen in den Kalender geschrieben hatte. Sie hatte aber Nichts notiert. Und mit Nichts, meine ich auch Nichts. Keinen Termin zur Reparatur, keine Info wegen TÜV, Nichts!

Ich stand da, und schaute… ja, wie ein Auto. „Kein Problem", sagte der nette junge Mann, wir finden einen Termin. Glücklicherweise war auch noch ZUFÄLLIG an dem von mir eingeplanten Tag um die Uhrzeit ein Termin frei, denn 2 Tag später ist der TÜV im Haus und das war dann auch der letzte meiner 4 Urlaubstage, an den anderen Tagen war ich bereits verplant, und benötigte hierzu auch mein Auto. Glück gehabt, wo ich keines gebraucht hätte, wäre alles wie besprochen eingetragen worden! Aber was auch immer die Dame gemacht hat, es ist jetzt noch einmal gut gegangen.

Ich konnte mit dem Herrn ausgiebig alles besprechen, er fotografierte mein Auto da er nicht wusste welche Bremsen ich benötigte, und wollte dies seinem Kollege vorlegen und entsprechend dann die Teile bestellen, auch die günstigere Variante, und sie würden auch nur dies einbauen was benötigt würde. Wir vereinbarten einen Fixpreis inklusive TÜV und alles war soweit geklärt. Bei der Gelegenheit zeigte ich noch Interesse an einem neuen Auto, und bat darum, mir ein Angebot zu unterbreiten denn das neue Modell von meinem Auto gefiel mir ganz gut. Dies könnte mein nächstes Auto werden. „Kein Problem" sprach der nette Mann wieder und teilte mir mit, dass er alles vorbereitet, und wir dann auch eine Probefahrt an dem Tag der Reparatur machen könnten. Ferner wollte er versuchen, dass ich durch die Entfernung auch an dem Tag schon den TÜV machen könnte. Aber das konnte er mir nicht versprechen, wollte mir aber entgegenkommen, da ich eben zu Ihnen kam, und nicht um die Ecke zu dem anderen Autohaus ging.

Er ward gekommen, der Tag des Termins. Mein Freund und ich fuhren zu dem Autohaus. Vorab hatte ich ihm eine Probefahrt an diesem Tag versprochen, von vielleicht meinem nächsten Auto. Leider wurde daraus nichts, denn der nette Herr war gar nicht da. Auch ein Angebot lag nicht vor, als ich nachfragte. Die Dame, die auch damals am Telefon war diesmal jedoch anwesend, erschien zwar sehr nett, aber war tatsächlich neu. Deshalb wollte ich sie auch nicht auf den Termin ansprechen den sie mir nicht eingetragen hatte.

Wir fuhren also wieder nach Hause mit der Zusage der Dame, uns anzurufen wenn das Auto fertig sei. Nach vielen Stunden kam erst ein Anruf dass es noch etwas länger dauert als geplant, und auf den letzten Drücker vor Feierabend war es dann doch fertig. Ungünstig da ich noch zur Post und die Apotheke wollte, aber mit etwas Hetzen und wenig schlechter Laune bekam ich noch alles hin. Dass das mit dem TÜV nichts mehr würde hatte die Dame mir dann auch mitgeteilt, und bat mich, einfach 2 Tage später zu kommen und nannte mir die Uhrzeiten in denen ich kommen könnte. Ich sagte ihr, dass ich das wahrscheinlich nicht schaffen würde, da ich vorab noch einen Tierarzttermin habe, aber wenn ich es schaffen würde käme ich einfach. „Kein Problem" sagte die Dame und nannte mir noch die Uhrzeiten für jeweils jeden Mittwoch in den nächsten 4 Wochen, zu denen der TÜV dann da wäre. Ich sollte dann innerhalb dieser Zeiten, aber wenn möglich nicht eine halbe Stunde vor Ende der Zeit, einfach so vorbeikommen. Super dachte ich, dann prüfe ich meine Schichten, das wird schon. Das Angebot bat ich mir dann per e-mail zu schicken.

Ich schaffte es an dem besagten Tag wirklich nicht mehr zum TÜV in die Werkstatt zu fahren. Vielleicht wenn ich extrem gerast wäre, hätte ich auf den letzten Drücker gerade noch ankommen können, aber das war mir zu heikel. Also wartete ich auf die nächste Gelegenheit, prüfte die nächsten Schichtpläne und an den in Frage kommenden Wochentagen hatte ich 2x hintereinander sogar einen freien Tag. Prima, dachte ich, und wollte den ersten gleich nutzen, denn sollte etwas sein, dass ich dann noch einen Puffertag habe. So plante ich gleich den Ersten ein und meine anderen noch offenen Vorhaben in der Gegend gleich dazu.

Als der Tag kam, dachte ich, ruf lieber vorher noch einmal an, sicherheitshalber, oder auf Grund eines Bauchgefühls. Nicht dass sich was verschoben hat von der Uhrzeit, oder der TÜV Prüfer krank ist, oder, oder, oder. Also rief ich an und fragte nochmals nach den Uhrzeiten, bevor ich losfuhr. Die Dame meldete sich, wie immer, sehr freundlich. Ich informierte sie, wer ich bin und sagte:

„Ich wollte mich vergewissern, dass aktuell der TÜV Prüfer da ist, da ich jetzt losfahren möchte."

„Ja bis 13 Uhr. Haben sie einen Termin?"

„Nein, nur die notierten Zeiten."

„Sie brauchen aber einen Termin."

„Das wurde mir nicht mitgeteilt, es hieß doch ich solle einfach in dieser Zeit kommen."

„Moment, ich frage mal…"

Die Dame drehte sich vermutlich zu Ihrem Mitarbeiter um und sagte ihm, ich konnte alles verstehen, folgendes: „Ich habe hier eine Kundin, die möchte ohne Termin zum TÜV machen kommen, sie sagt, das hätte sie letztes Mal schon so gemacht". Der Mann daraufhin: „Nein das geht nicht, und das kann auch nicht sein, dass sie das letztes Mal so gemacht hat."

Ich dachte ich höre nicht richtig. Aber das ist nicht das erste Mal, dass mir auffällt, dass Menschen Infos falsch weitergeben, ich frage mich, ob die einfach irgendwie doof sind, oder den Inhalt der Worte nicht verstehen, oder grundsätzlich nicht richtig zuhören.

Sie kam wieder ans Telefon und sagte mir:

„Sie brauchen einen Termin, mein Kollege weiß von Nichts."

„Ich habe auch nicht gesagt, dass ich das letzte Mal so gemacht habe. Als ich das letzte Mal da war haben SIE mir den Zettel geschrieben und gesagt ich soll in dieser Zeit einfach kommen.“

„Oh, das tut mir leid, das habe ich wohl falsch verstanden. Ach Sie sind das, mit dem weiteren Anfahrtsweg. Ja Entschuldigung, ich bin neu. Ich kann Ihnen einen Termin für nächste Woche am Mittwoch anbieten.“

„Was für ein Glück das ich zufällig an dem Tag frei habe.“

Tja, das war es dann mit meiner Tagesplanung. Eine e-mail mit einem Angebot hatte ich im Übrigen auch nicht bekommen. Als ich eine Woche später dann zu meinem Termin fuhr, ging dann soweit wenigstens alles gut, und ich bekam dann auch, kurz bevor ich das Haus verließ, wieder ohne Probe zu fahren, mein Angebot. Ich sollte mich aber schnell entscheiden, denn der Preis gilt nur noch vier Wochen. Mittlerweile habe ich nur nicht mehr so viel Interesse mir aktuell ein neues Auto zu kaufen, da mich das alles total genervt hat, also sagte ich, dass das mit Sicherheit so schnell nichts wird.

# AUTOFAHRER

## **Eine Fahrt zur Arbeit, wie jeden Tag**

Ein Tag wie jeder andere, eine Fahrt zur Arbeit, Strecke dato 19 km:

Gleich nach der Zweiten Abbiegung noch innerhalb meiner Ortschaft passierte Folgendes: Ein LKW versperrte die Fahrbahn der entgegenkommenden Seite. Autos standen hintendran, ich auf meiner Fahrbahn hatte freie Fahrt, somit auch Vorfahrt. Die Autos hinter dem Auto, hier als erstes ein kleiner Sprinter, sah mich, fuhr aber trotzdem los, scheißegal wie knapp es werden würde. Wäre ich normal weiter gefahren hätte es geknallt. Ich musste, trotz Vorfahrt, bremsen. Eine weitere Frechheit war, dass die Dame hinter dem Sprinter, ebenso trotz dass sie mich gesehen hatte, sich einfach  noch hinter den Sprinter gedrückt hat, denn wenn dieser eh schon fährt kann sie sich ja auch noch mit durchmogeln... Ich musste somit komplett stehen bleiben da ich nicht weiterfahren konnte ohne die unverschämte Dame frontal zu rammen. Die Frau fuhr an mir vorbei und glotzte mich auch noch doof an, keine Handbewegung oder ein Nicken oder sonst irgendeine

Geste des Dankes oder der Entschuldigung. Sie schaute als sei es das Selbstverständlichste, mir die Vorfahrt zu nehmen, ein Unfall zu riskieren und mich zu verärgern. *Verzeihen Sie Lady, dass ich Ihnen nicht noch ein Stück Kuchen gereicht habe!*

Weiter auf der Autobahn, ich fuhr auf der linken Spur (der Überholspur für die die es nicht wissen), da auf der rechten Seite ein LKW fuhr, mit einem Kleinwagen hinter sich. Der Kleinwagen entschied sich zu überholen. Fuhr natürlich wie die Meisten heutzutage ohne Licht und zog auf meine Spur, natürlich ohne zu blinken. Da dies aber nicht genug war, und ich nur stark bremsen musste und der gute Mann sich wohl doch nicht entscheiden konnte ob er jetzt komplett auf die linke Spur möchte oder nicht, fuhr er so einige Zeit „halb/halb". Er entschied sich dann letztendlich doch für die linke Spur, schlich dann auch sehr langsam an dem LKW vorbei und blieb auch links, obwohl rechts nach dem LKW frei war und keine Geschwindigkeitsbegrenzung ausgeschildert war. Auch üblich heutzutage.

Zum Glück musste ich dann abfahren.

Als nächstes, es war wohl Tag der halb/halb Fahrer, fuhr ein Auto teils auf seiner Spur und teils auf der Abbiegerspur auf welcher ich mich befand. Bzw. er zog halbwegs auf die Spur, so dass ich dachte er möchte ebenfalls auf meine Spur und dies natürlich ohne zu blinken. Dem war aber nicht so, der Fahrer hatte wohl einfach nicht auf die Straße geschaut vor lauter auf dem Handy rumtippen, und ich hatte umsonst vor Panik gebremst.

Aber das war noch nicht alles auf der ca. 18 minütigen Fahrt. Im nächsten Kreisverkehr in dem ich mich befand sah mich ein Autofahrer *in weit fortgeschrittenen* Alter (ja, das war jetzt nett ausgedrückt), der Haarfarbe grau nach zu urteilen, näherkommen. Was tat er? Genau, er fuhr in den Kreisverkehr ein. Wieder musste ich bremsen um keinen Unfall zu verursachen, in dem mind. 4 ältere Menschen, der Haarfarbe grau nach zu urteilen, hätten verletzt werden können.

Die Autos stehen (!) vor der Einfahrt des Kreisverkehres, sehen ein Auto kommen, und fahren dann los. Haben die meisten Menschen den Sinn und die Regeln des Kreisverkehres nicht verstanden oder bin ich auf dem Holzweg…?

Zu guter Letzt wurde mir bei der Einfahrt ins Firmenparkhaus ein Parkplatz gemopst. Warum? Weil die Leute heute sich nicht an Schilder wie „Einfahrt verboten" halten und einfach die Auffahrt benutzen, ohne vorher den ausgeschriebenen und vorgeschriebenen Weg zu befahren um ein paar Meter und einige Sekunden zu sparen. Weitere Autos fuhren falsch in das Parkhaus rein und die, die sich an die Regeln hielten mussten warten, um ebenfalls keinen Unfall zu riskieren.

Keiner will es gewesen sein, keiner macht was falsch. So viele riskieren täglich das Leben anderer und es ist ihnen egal. Doch wenn dann doch einmal was passiert, oder in deren persönlichem Umfeld etwas passiert, ist das Geschrei groß.

*Tja, was soll ich dazu sagen, unmöglich, Leute! Wegen 10 Sekunden anderer Leute Leben riskieren. Aber hinterher will es keiner gewesen sein, denn keiner macht was falsch. So viele riskieren täglich das Leben anderer und es ist ihnen egal. Doch wenn dann doch einmal was passiert, oder in deren persönlichem Umfeld etwas passiert, ist das Geschrei groß.*

## Ein anderer Tag

Ich fuhr die Straße raus, die Ecke die eh viel zu eng ist, und plötzlich, trotz mitten im Ort hing mir ein anderes Auto fast im Kofferraum. Der muss wohl gerast sein wie so ein Bekloppter und hat sich gedacht... *oohhh da kommt jemand herausgefahren... schnell noch aufs Gas drücken damit ich bloß pep hintendran klebe und einen Grund habe mich aufzuregen. Aber dem gebe ich, dachte* ich mir, und bin dann bewusst mit Absicht 30 gefahren, auch wenn es keine 30er Zone war. Der hat noch eine Weile so weitergedrängelt, bis irgendwann mal der Abstand 5 cm grösser wurde. Daraufhin bin ich auch wieder normal weitergefahren, möchte ja schließlich irgendwann auch einmal auf der Arbeit ankommen. Doch so eng wie er gemeinte hatte auffahren zu müssen, wäre es nicht gut gegangen, hätte ich aus irgendeinem Grund bremsen müssen. Ich hatte nicht mal mehr den Schatten der Lichter gesehen gehabt. Unmöglich!

Zu guter Letzt, es war nicht mehr weit, würde ich die letzten zwei Kilometer auch noch gut hinter mich bringen und fuhr vorsichtig weiter. Als ich an den Kreisel kam wartete ich, bis ich einfahren konnte. Ich fuhr an der ersten Ausfahrt vorbei und als die zweite Ausfahrt kam, an welcher ich auch vorbeimusste, sah ich einen LKW außerhalb des Kreisels. Der Fahrer sah dass ich kam, nicht blinkte, also an der Ausfahrt vorbei fahren wollte. Ich war ca. fünf 5 Meter von der Einfahrt weg, eventuell auch nur vier Meter, da fuhr der Penner LOS. Er dachte entweder „das packe ich locker mit meinem überlangen LKW," oder „ach das kleine Auto mach ich zur Not platt." Ich musste sofort bremsen, auf dem Kreisel parken. Der Lkw war sehr lang, er hatte einen Anhänger dabei der mindestens so lang war wie der LKW selbst. Glücklicherweise rase ich nicht wie viele andere, und ebenso glücklicherweise wurde ich nicht von meinem Nachfolger gerammt. Nach langen Sekunden des Wartens beziehungsweise des Parkens konnte ich dann weiterfahren.

*Unmöglich, Leute. Solche Aktionen sind keine Seltenheit, und dann wundern sich die Menschen, wenn so viele Unfälle passieren, bei denen Menschen verletzt werden, oder gar sterben. Das Autos beschädigt werden und Versicherungen immer teurer werden.*

## <u>Vorfahrt</u>

Ein interessantes Thema zu dem es auch wieder diverse Beispiele gibt.

## Im Ort

Was mir fast täglich im Straßenverkehr passiert: Ich fahre in einem Ort auf ein Hindernis zu, gegenüber kommt ein Auto. Dies ist aber so weit weg, dass ich noch gemütlich an dem Hindernis vorbeifahren kann, denn ICH fahre schließlich angemessen. Angemessen heißt: 30er Zone -> 30, vielleicht auch mal 35. 50er Zone -> 50... ABER: Leider haben die meisten Autofahrer es nicht nötig, sich an die Geschwindigkeiten zu halten. Ich versuche einmal nachzuspielen, was wohl in den Köpfen der Meisten abgeht: „Boa, da vorne kommt jemand und wagt es in das Hindernis zu fahren, boa ne, das geht nicht, IIIICH habe Vorfahrt. Boa dem Arsch zeig ich´s" – und WWWWUUUUUUMMMM das Gaspedal wird durchgedrückt bis zum Anschlag. Es ist wirklich sichtbar, dass das entgegenkommende Auto beschleunigt. Den Fahrern ist es dabei völlig egal, ob sie mit 60 durch die 30er Zone fahren und einem fast rein fahren, um sich dann noch künstlich aufzuregen und zu motzen.

*Unmöglich, Leute! Habt ihr den Knall nicht gehört oder was? Was soll denn der Scheiß. Unfälle riskieren nur um Recht zu haben, aber sich nicht an die Regeln halten? Was ist das denn für eine Art und Weise!*

## Bus

Ich bin ein netter Mensch. Wenn ich im Ort sehe, dass mir ein Bus oder ein LKW entgegenkommt, kann ich mir vorstellen, wie unpraktisch es für ein so großes Gefährt sein muss, ständig zu bremsen und wieder anzufahren. Ferne haben die armen Fahrer grundsätzlich Zeitdruck, und werden von Kunden und Ihren Chefs gedrängelt.

Also lasse ich solche Fahrzeuge gerne durch, auch wenn diese dann ein Hindernis auf Ihrer Seite haben und ich Vorfahrt hätte. FRECH finde ich dann allerdings, dass grundsätzlich alle Autos die danach folgen sich das Recht herausnehmen, ebenfalls sich die Vorfahrt zu nehmen, die ich nur dem großen Gefährt zugestanden habe. Freiwillig. Es sollte doch klar sein, dass ohne Zeichen meinerseits die Regeln des Straßenverkehrs gelten. Die Meisten bedanken sich noch nicht einmal dafür, dass sie sich auch noch einfach die Vorfahrt genommen haben.

## Baustelle

Letztens war eine Baustelle im Ort und ich bestand auf meine Vorfahrt und fuhr zu Recht an dem Hindernis, dass auf der Gegenfahrbahn war, vorbei. Daraufhin haben sich alle entgegenkommenden Autofahrer trotzdem noch in die Baustelle, in das Hindernis gedrückt und noch mit mir geschimpft dass ich gefälligst auf den Bürgersteig fahren solle, damit sie vorbeipassen.

Mir ist bis heute nicht bekannt, das ein Bürgersteig für Autofahrer zur freien Verfügung steht. Abgesehen davon dass es nicht gut für die Reifen ist laufen dort Fußgänger, Hunde und auch Kinder. Es wird geschimpft, von denen die die Regeln missachten und ich mich weigere, diese ebenfalls zu missachten, und dabei noch die Fußgänger nicht gefährden möchte!

*Unmöglich, Leute! Die Worte die mir dazu einfallen spare ich mir hier lieber! Erst denken, dann fahren, ist eine harmlose Variante.*

## Parkplatz

Ich habe beobachtet wie eine Frau in ihrem Auto deutlich gesehen hat, dass ein anderes Auto aus einem Parkplatz raus fahren will. Der Autofahrer der auf dem Parkplatz stand hat sich ordnungsgemäß verhalten und geblinkt. Die Dame war weit genug weg so dass es, wenn sie normal weitergefahren wäre, kein Problem darstellt hätte. Aber als sie gesehen hatte das vorne einer raus will, drückte sie sichtlich aufs Gas, wurde viel schneller und muss dann hinter dem Fahrer massiv bremsen und schimpft dann über den armen Mann. Es war pure Absicht gewesen, damit sie ein Grund hatte, sich aufzuregen.

## Kreisel

Ähnliches Verhalten wie eben berichtet: Eine Frau steht am Kreisel, sieht das ich komme und obwohl sie bereits steht gibt sie plötzlich doch Gas, so dass ich eine Vollbremsung machen muss. Die Olle guggt aber ganz bewusst weg und auch nicht in den Rückspiegel.

Das Schlimmste daran war: drei kleine Kinder im Auto, scheinbar nicht einmal im Kindersitz.


## Fußgänger

Auch passend zu der Rubrik: Ich wollte über eine Straße laufen. Schräg gegenüber war eine Ausfahrt von der aus man sowohl nach links, als auch nach rechts fahren kann. Dort stand eine Frau in Ihrem Auto. Sie blinkte nicht, zumindest konnte ich es nicht sehen. Also ging ich davon aus, sie blinkt für die andere Seite (was ich ja von meiner Seite aus nicht sehen konnte), die mich dann nicht behindern würde. Demnach dachte ich, sie fährt in andere Richtung und lief los. Da gab die Uschi als sie das gesehen hat Vollgas, schneidet extra noch die Kurve, so dass sie schneller bei mir ist. Ich erschrecke mich zu Tode, da macht Sie vor mir Vollbremsung und grinst mich frech an. Sehr lustig... nichts im Hirn, sage ich da nur. Wenn so etwas ins Auge geht, wird es nicht nur teuer. Der Fußgänger der keinen Fehler gemacht hat kann wenn es richtig dumm läuft sein Leben lang gehandicapt sein oder Schmerzen haben.

*Unmöglich, Leute. Denkt ihr die Blinker gibt es zum Spaß? Für die die es nicht wissen: Sie sollen den anderen Verkehrsteilnehmern zeigen, in welche Richtung Ihr wollt, damit diese sich entsprechend verhalten können. Sprich: Warten oder ihren Weg fortsetzen. So schwer kann das doch nicht sein.*

## Autobahndrängler

Auf der Autobahn war auf Grund einer Baustelle 80. Und diese 80er Zone ging eine Weile. Ich fuhr auf der linken Seite, zugegeben mit ungefähr 90, denn rechts sind die Autos minimal zu langsam gewesen. Vor mir und auch auf der rechten Fahrbahn rollten einige Autos und auch LKW, die auch nicht schneller waren. Es ging also nicht schneller.

Von einer Auffahrt kam ein Kombi Fahrer einer Automarke mit wenigen Buschstaben Deutscher Herstellung angebraust. Er beschleunigte sehr fix und steuerte sofort auf die linke Spur, press hinter mich. *Ich hatte mir noch überlegt ob es sinnvoll wäre den Kofferraum zu öffnen, dann hätte er gleich hereinfahren können. Hatte mich dann aber dagegen entschieden.* Der Fahrer fuhr nach rechts, überholt mich auf der rechten Spur entgegen der Regeln und presste sich wieder auf die linke Spur, vor mich. Ich musste bremsen! Und für was? Damit er ein paar Meter vor mir fahren konnte. Schneller ging es dadurch für den Guten auch nicht. Dieses Spiel ging noch eine Weile, bis er freie Fahrt hatte weil alle Autos irgendwann auf der rechten Spur waren, dann donnerte er mit mind. 130 durch die 80er Zone davon. Ein paar wenige Kilometer weiter vorne musste er sich dann jedoch auch rechts einordnen, denn seine Abfahrt kam bald. Noch bevor er auf der Abfahrtspur war, fuhr ich an im links vorbei.

Was hat ihm das Ganze nun gebracht? Er hat keinerlei Zeit gespart, war nicht schneller als ich oder die anderen Autofahrer die sich an die Regeln gehalten haben. Zudem hat er noch diverse Male alle Fahrer auf der Strecke einem Unfallrisiko ausgesetzt! Wollte wahrscheinlich nur mit seiner Bonzenkarre herum protzen.

*Unmöglich, Leute! Nur weil Ihr dicke, große oder lange Autos mit viel PS habt, nur weil Ihr genug Asche habt um Euch so etwas leisten zu können gibt Euch das nicht das Recht, anderer Leute Leben zu riskieren und Euch nicht* an die Regeln zu halten. Man könnte meinen, jemand hat Euch ins Hirn geschissen! Anmerkung: Zum Glück sind nicht ALLE so, die „dicke" Autos fahren. Aber auffällig viele. Als kleine Info: ein kostspieliges Auto hat mehr PS und mehr Extras, aber keine eingebaute Vorfahrt! Auch eine Person in einem kleinen, oder alten, oder günstigen Auto hat das Recht zu leben. Es gelten für alle die gleichen Regeln im Straßenverkehr und auch sonst wo. Rücksicht aufeinander nehmen kann hier Leben retten.

Ich muss einfach mal sagen, dass die Mehrheit der Autofahrer aus egoistischen respektlosen Menschen besteht, denen nicht bewusst ist was sie anderen antun. Es vergeht nicht ein Tag, an dem sich alle an die Regeln halten und es keinen Grund zum Ärgern gibt. Am meisten ärgert mich aber, dass diese Leute meist nicht geblitzt, oder angehalten werden und wenn etwas passiert, sie einen Unfall verursachen meist die Unschuldigen dabei sterben oder schwer verletzt werden. Von dem psychischen Dauerstress durch die ständige Drängelei der etwas kleineren und weniger PS-lastigen Autos einmal abgesehen.

Ob sie drängeln und manchen Menschen Angst machen, riskante Überholmanöver starten, in denen sie sich, aber hauptsächlich andere gefährden...

Ob sich nicht an Überholverbote Inner- und Außerorts halten und somit ebenso das Leben anderer gefährden (nicht nur anderer Autofahrer…auch Kinder, Fahrradfahrer usw.)…

Ob sie sich nicht an die Geschwindigkeitsbegrenzung halten und dann unverschämter weise meinen sie müssen drängeln wenn sich jemand daran hält um nicht in einen Blitzer zu fahren…

Ob sie nicht parken können und anstatt einfach zu korrigieren lieber zwei Parkplätze belegen….

Ob sie schlichtweg einfach zu dumm zum Ein- und Aussteigen aus Ihrem Fahrzeug sind und anderer Leute Fahrzeuge beschädigen und dann zu feige sind einen Zettel anzuhängen oder sich bei der Polizei zu melden…

Es ist alles mehr als nur unmöglich, Leute. All diese Penner gehören einfach aus dem Auto gezogen und mit irgendetwas über die Rübe gezogen. Und wenn sie fragen warum, gerade noch eine drüber.

Wie oft müssen Menschen sterben, weil mache mit dicken schnellen Autos meinen, sie sind etwas Besseres und müssen drängeln, rasen etc.? Manche können kaum über das Lenkrad guggen, aber Hauptsache das neuste und beste Auto fahren um anzugeben, was sogar meist noch mehr auf Raten fährt als auf Rädern. Aber total obercool das Lenkrad mit einer Hand halten, schief im Sitz hocken, laute Musik über ihre Anlage laufen lassen und dann nicht an die Regeln halten! Wenn etwas *passiert trifft es meist nur die unschuldigen Leute. Das ist kein Spaß!!*

*Ferner ist es einfach ein Zeichen mangelnder Intelligenz, beispielsweise auf der linken Spur zu drängeln, wenn vorne dran mehrere Autos fahren die nicht schneller fahren können, sei es wegen einem LKW oder wegen der Geschwindigkeitsbegrenzung. Genauso wenn jemand in einer 30er Zone mindestens 60 fährt, sieht, dass ein Auto kommt und anstatt wie es sich gehört angemessen zu fahren, auf das Gas tritt. Wie oft erlebe ich in solchen Situationen, dass die, die angemessen fahren nicht in die nächste Lücke der parkenden Autos fahren können, und die Raser dann über den Bordstein donnern, schimpfen und maulen, das Leben von Kindern auf dem Bürgersteig riskieren sowie die Beschädigung ihrer eigenen Fahrzeuge… HOHL.*

*Also echt, Leute, wir alle haben Stress, wir alle müssen arbeiten. Warum sich gegenseitig das Leben schwer machen? Haltet Euch an die Regeln und führt Euch nicht auf wie der King der Nation. Die Wühltischmentalität hat keinen Respekt vor der Regal-Esthetik – wie eine Freundin letztens zu mir sagte. Es gibt so viele Leute die denken dass sie alleine auf der Welt sind. WACHT AUF, so ist es nicht.*

*Wir alle sind Menschen, wir alle leben hier auf dieser Welt und jeder von Euch ist dafür verantwortlich das Miteinander besser und angenehmer zu gestalten. Mit Stressmachen und Rummaulen macht Ihr es nicht besser und so lösen sich die Probleme auch nicht! Ihr sorgt nur dafür, dass ein Jemand wie ich Grund hat, ein Buch voller Gemaule zu schreiben! Wahrscheinlich regt Ihr euch darüber auch noch auf.*

*Natürlich hätte man hier massig weitere Geschichten schreiben können, aber ich denke, so ist von jedem Thema ein Teil angekratzt. Sonst würde es eine unendliche Geschichte werden, beziehungsweise nicht mehr genug Stoff für Teil 2!*

# LUSTIGE AUSSAGE & GESCHICHTEN

Ohne über jemand zu schimpfen, nun noch ein paar Späße, die ebenfalls auf wahrer Begebenheiten beruhen.

Namen sind selbstverständlich gerändert worden. Diese Veröffentlichung soll lediglich der Bespaßung dienen, nicht das Verarschen von Personen sein.

## Neulich auf der Arbeit

„Ist der Herr Maier da?"

„Der ist gerade kurz weggefahren… „

„Wer?"

## Neulich auf der Arbeit 2

„Ich habe hier meinen gebrauchten WC Sitz dabei. Wenn ich diesen abgebe, bekomme ich dann Rabatt auf einen Neuen?" …

## Regal

„Du, ich hab mir ein Regal gekauft, da haben die Schrauben gefehlt. Sehr ärgerlich!"

„Was für ein Regal hast du dir denn gekauft?"

„Na, so ein Steckregal…"


## Kartons

Ein Kunde ruft in einem Geschäft an, in dem es auch Umzugskartons zu kaufen gibt und möchte gerne 3 Stück Umzugskartons. Er fragt, ob er die umsonst haben kann.


## Fön

„Du, ich glaube mein Fön ist kaputt."

„Warum das?"

„Da kommt nur noch kaltes Wasser raus…"

# Neulich beim Familienfest

„Das ist eine coole Serie, und auch noch auf Videokassette… kann ich mir die mal ausleihen?"

„Hast du denn noch einen Videorekorder, für Videokassetten?"

„Ja."

„Hast du den dabei?"


# Kleidergeschäft

„Warst du schon mal in dem einen Kleidergeschäft?"

„In welchem?"

„Na das in Frankreich"

„Und wo genau?"

„Da am Kreisel."

<u>**Neulich am Telefon**</u>

## Teil 1

Eine Kundin war vormittags im Laden gewesen und hatte sich ein größeres Produkt angeschaut. Ein Mitarbeiter sagte ihr, dass dieses beim Transport aus dem Kofferraum schauen wird, sie ihr aber helfen könnten diesen zu zubinden, damit während der Fahrt der Kofferraum zubleibt.

Die Kundin wollte wissen wie. Der Mitarbeiter erklärte ihr, dass er mit einem Seil nach unten den Kofferraum zubinden könnte, damit dieser beim Fahren nicht aufsteht.

Anrufgrund der Kundin einen Tag später: Sie möchte diesen Mitarbeiter sprechen um sich zu vergewissern wie er es gemeint hat.

## Teil 2

Ein Kunde ruft an, ohne Name, ohne Hallo und fragt: „Bin ich jetzt bei den Fischen?"

# Scheiß Ampel

Ich fuhr durch die Stadt in Richtung nach Hause, als ich mich an einer Schlange von Autos anstellte. Ich lauschte der Musik und wartete darauf, dass die Ampel grün wurde und ich weiterfahren konnte. Parallel zu mir gab es noch eine befahrene Straße, und ich bereute dass ich nicht gleich auf die Straße gefahren bin, denn es ging einfach nicht vorwärts. Als ich noch vorne sah, stellte ich fest, dass die Ampel grün wurde, doch niemand fuhr. Es ging nicht voran. Langsam wurde ich ungeduldig, fing an zu bruddeln und zu schimpfen. Ich haute auf mein Lenkrad und irgendwann hupte ich vor Zorn.

Bei genauerem Hinsehen musste ich feststellen dass die Autos vor mir leer waren…. Na hoffentlich hatte das niemand gesehen.

Ähhmmm... mhhhh?

Herstellung und Verlag:
BoD - Books on Demand, Norderstedt
ISBN 978-3-7386-5487-5

# Danke

*Ein riesengroßes Dankeschön geht an all die vielen lieben Menschen, die bei der Erstellung dieses Buches mitgewirkt haben. Entweder waren sie dabei, haben mir die Geschichte berichtet, haben mit drüber geschaut, etc. Vor allem aber einen fetten Dank für den Spaß, den wir durch dieses Buch hatten.*

*Eure Hildegunde Mäusespeck*